FACULTÉ DE DROIT DE MONTPELLIER

DE LA

CONDAMNATION

A DES

DOMMAGES-INTÉRÊTS

CONSIDÉRÉE

COMME MOYEN DE CONTRAINTE ET COMME PEINE

THÈSE POUR LE DOCTORAT

Présentée et soutenue

PAR

Joseph TOURNIER,

AVOCAT A LA COUR D'APPEL DE NIMES

MONTPELLIER,
IMPRIMERIE RICARD FRÈRES, RUE COLLOT, 9

1896

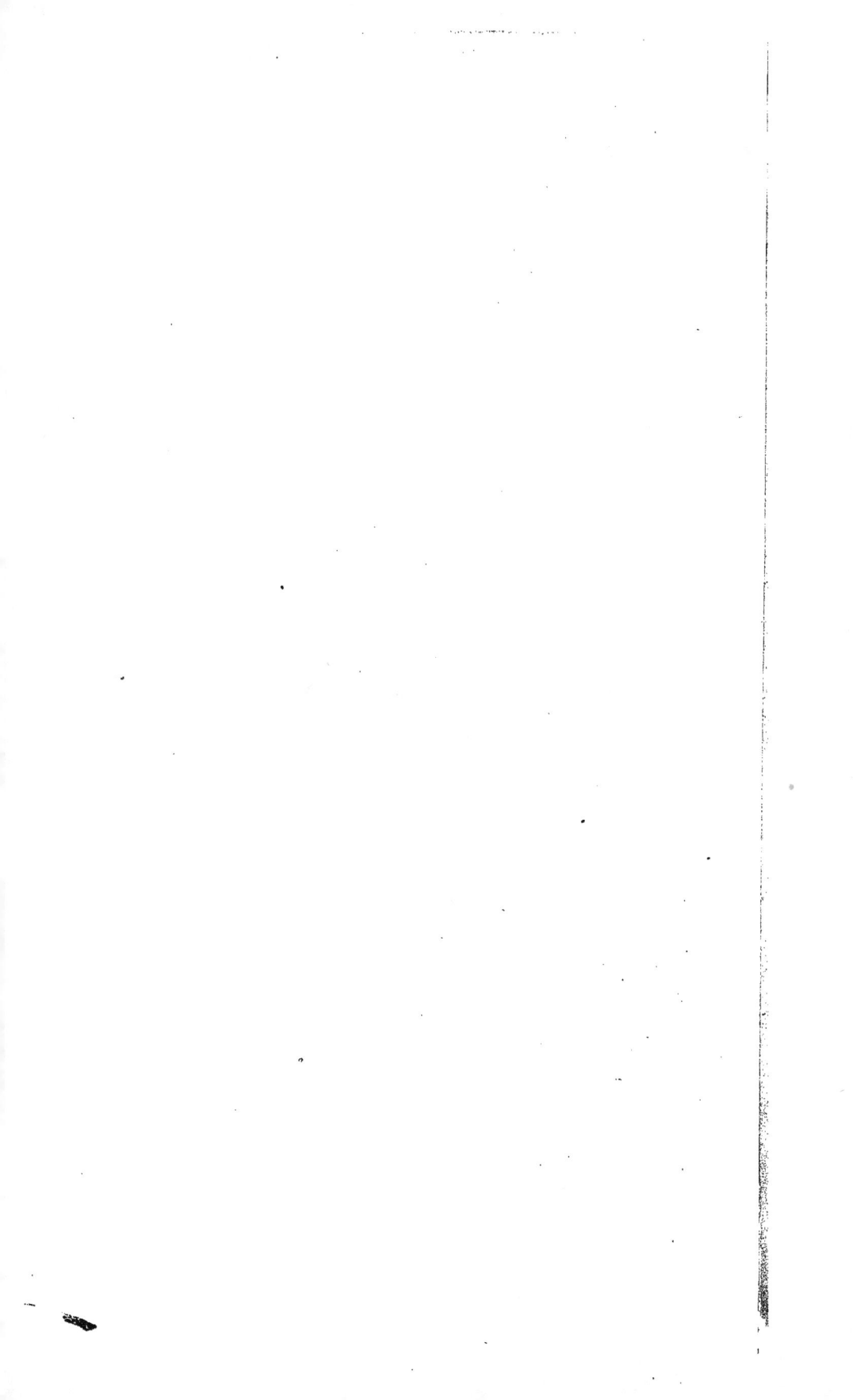

THÈSE

POUR

LE DOCTORAT EN DROIT

10263

FACULTÉ DE DROIT DE MONTPELLIER

MM. VIGIÉ, Doyen, Professeur de Droit civil, et chargé du cours d'Enregistrement.

VALABRÈGUE, Assesseur, Professeur de Droit commercial.

BRÉMOND, Professeur de Droit administratif.

GIDE, Professeur d'Économie politique.

LAURENS, Professeur de Droit civil, et chargé du cours de Législation notariale.

GLAIZE, Professeur de Procédure civile, chargé du cours des Voies d'exécution, et du cours de Législation financière.

LABORDE, Professeur de Droit criminel, et chargé du cours de Législation et économie industrielles.

CHARMONT, Professeur de Droit civil, et chargé du cours de Droit civil dans ses rapports avec le notariat.

CHAUSSE, Professeur de Droit romain.

MEYNIAL, Professeur d'Histoire du Droit.

BARDE, Professeur de Droit constitutionnel.

VALÉRY, Agrégé, chargé des cours de Droit international public et de Droit international privé.

DECLAREUIL, Agrégé, chargé d'un cours de Droit romain, du cours de Pandectes, et du cours d'Histoire du Droit public français.

BROUILHET, chargé d'un cours d'Économie politique.

GIRAUD, Secrétaire.

MEMBRES DU JURY :

MM. MEYNIAL, Professeur, *Président.*

LABORDE, Professeur, ⎫
VALÉRY, Agrégé, ⎬ *Assesseurs.*

DE LA

CONDAMNATION

A DES

DOMMAGES-INTÉRÊTS

CONSIDÉRÉE

COMME MOYEN DE CONTRAINTE ET COMME PEINE

THÈSE POUR LE DOCTORAT

Présentée et soutenue

PAR

Joseph TOURNIER,

AVOCAT A LA COUR D'APPEL DE NIMES

MONTPELLIER,

IMPRIMERIE RICARD FRÈRES, RUE COLLOT, 9

1896

A

LA MÉMOIRE DE MA MÈRE

———

A

MON PÈRE

INTRODUCTION

« La fonction du droit est de se réaliser [1] ». Un
droit n'a d'utilité économique pour son titulaire que
s'il est réalisé, si l'obligation qui lui a donné naissance
est exécutée. Il est donc d'un intérêt capital d'assurer
au créancier cette réalisation, cette exécution qu'il avait
en vue au moment du contrat, et de la lui assurer telle
qu'il l'avait conçue. Or, comme il est bien évident
que le créancier, en contractant, a voulu obtenir du
débiteur la chose ou le fait stipulés dans la convention, c'est l'objet même de l'obligation qu'il doit pouvoir exiger ; sinon l'exécution, quoique accomplie, sera
pour lui imparfaite, sa volonté sera méconnue, au moins
en partie ; il faudrait pouvoir arriver, dans tous les cas,
à la prestation réelle, à l'exécution directe en nature.

Rien ne s'y oppose quand on est en présence d'une
obligation de donner. Ici, en effet, la *res* qui est
l'objet de la convention existe déjà, il n'est pas nécessaire de recourir à un tiers pour la créer ; l'exécution

---

[1] Ihering. *Esprit du Droit romain*, tome III, p. 15,

est réduite à un simple déplacement qui n'exige pas l'intervention du débiteur; on se passera de lui, et, s'il veut y mettre obstacle, on se contentera de l'écarter. L'exécution en nature ne sera impossible que dans des hypothèses très rares: lorsque, par exemple, le débiteur aura caché l'objet de la prestation.

Mais, en matière d'obligation de faire, il n'en est pas de même. L'objet à prester est quelque chose qui n'existe pas encore. L'exécution consiste non plus dans le déplacement d'une *res,* mais dans l'accomplissement d'un fait; et pour cela le concours actif du débiteur est indispensable. En cas de refus de ce dernier, comment donner satisfaction au créancier, par quels moyens obtenir le respect de ses droits ?

Nemo præcise cogi potest ad factum, dit un adage connu [1]. Il faut bien se garder de donner à ce brocart de droit une portée trop large, de le considérer comme l'expression d'un principe absolu que l'on traduirait par ces mots : l'obligation de faire n'est jamais susceptible d'exécution forcée. Il peut, en effet, se présenter tel cas où, malgré le refus du débiteur, il sera donné d'exécuter le contrat; c'est lorsque l'exécution pourra être l'œuvre d'un tiers sans que le changement de l'un des sujets nuise au résultat final (Art. 1144, Cod. civ.) ou, — si l'obligation est de ne pas faire, — lorsqu'il sera possible d'effacer, sans en laisser de traces, les conséquences de la violation du contrat par

---

[1] Cet adage a été formulé pour la première fois par le président Favre, Président du Sénat de Savoie (1557-1624).

le débiteur (Art. 1143, Cod. civ.). Mais il arrive souvent que ce qui a été promis par une personne déterminée ne peut être réalisé par une autre sans préjudice pour le créancier. Dans certaines obligations de faire, comme celle de peindre un tableau, la personnalité du sujet importe au plus haut point : quand je traite, pour mon portrait, avec un grand artiste, ce n'est pas pour avoir une mauvaise toile du premier manieur de pinceaux venu. De même, il ne sera pas toujours possible, en présence de la contravention par un débiteur à l'obligation de s'abstenir, de remettre les choses en place, de rétablir le *statu quo ante,* d'obtenir, en un mot, l'exécution forcée. Certains actes, un voyage par exemple, lorsqu'ils sont accomplis le sont d'une manière irrévocable et nulle puissance au monde ne pourrait empêcher qu'ils ne le fussent. .

Dans ces derniers cas d'obligations de faire ou de ne pas faire, il est vrai de dire que l'exécution forcée n'est pas possible ; ou plutôt, étant la conséquence d'une contrainte physique, elle serait inutile et immorale : inutile, car elle ne saurait donner au créancier la satisfaction à laquelle il est en droit de s'attendre et que, seule, une œuvre libre et spontanée peut lui procurer ; immorale, car elle porterait une grave atteinte à la dignité humaine, au principe de la liberté individuelle. En l'état actuel de notre civilisation, attenter à la liberté du débiteur lié par un simple engagement civil serait une sanction trop rigoureuse eu égard au droit invoqué, et l'exécution sur les biens est la seule admise quand il ne s'agit que d'une

obligation privée. Dans l'exposé des motifs [1], Bigot
Préameneu s'exprimait en ces termes : « Nul ne peut
être contraint dans sa personne à faire ou à ne pas
faire une chose ; si cela était possible, ce serait une
violence qui ne peut pas être un mode d'exécution
des contrats. »

Comment notre Code civil a-t-il concilié deux choses
également respectables : la liberté individuelle d'un
côté, et, de l'autre, la sauvegarde des droits du créancier ? Pour les obligations de faits personnels, d'actes
non fongibles, l'Article 1142 nous dit : « Toute
obligation de faire ou de ne pas faire se résout en
dommages-intérêts en cas d'inexécution de la part du
débiteur. » Toutes les fois que le débiteur refusera
d'exécuter, et, ajoutons-nous [2], qu'on ne pourra l'y
contraindre sans se livrer sur sa personne à des actes
de violence qui nous répugnent, un seul parti s'impose :
transformer, « résoudre » l'obligation de faire inexécutée en une obligation de donner qui, elle, sera
susceptible d'exécution forcée ; au lieu d'un travail,
véritable objet du contrat, on exigera du débiteur une
somme d'argent adéquate, dans la mesure possible,
au préjudice causé. Faute d'objet, on se contente d'un
équivalent : les dommages-intérêts. Pour les obligations de faits non personnels, l'Art. 1144 donne au
juge le pouvoir ou bien d'accorder des dommages-
intérêts en cas d'inexécution, ou bien d'autoriser le

---

[1] Fenet, t. XIII, p. 232.
[2] Voir plus loin les motifs de cette addition.

créancier à poursuivre l'exécution aux frais du débiteur. Enfin, qu'il s'agisse de faits personnels ou non personnels, d'obligations de faire ou de donner, l'évaluation des dommages-intérêts est réglée par l'Art. 1149 qui en fait un équivalent du préjudice souffert.

Une jurisprudence, depuis longtemps bien établie, plus soucieuse des intérêts du créancier que du respect de la lettre et de l'esprit du Code, a adopté un système nouveau en matière d'inexécution. Se réclamant spécialement de l'Art. 1134, elle a voulu, par des procédés qui ne sont pas à l'abri de toute critique, donner au créancier un moyen à peu près sûr d'obtenir l'exécution en nature; elle a organisé contre le débiteur un mode de contrainte indirecte, sous la forme trompeuse d'une condamnation à des dommages-intérêts par jour de retard qui évoquerait plutôt l'idée de réparation que l'idée de contrainte : on menace le débiteur de condamnations pécuniaires exorbitantes s'il refuse d'obéir aux ordres de la justice et si plus tard il persiste dans sa désobéissance. La perspective d'un mal plus grand que l'exécution, quelquefois même de sa ruine, triomphera le plus souvent de son obstination. S'il reste impassible devant ces tentatives d'intimidation, la menace devient une réalité, on lui inflige une véritable peine en maintenant le *quantum* exagéré des dommages-intérêts. Si, au contraire, il cède sous cette pression, s'il obéit, ou s'il veut obéir aux injonctions du tribunal, le juge tient compte de ses bonnes intentions, et, ne fussent-elles pas suivies, en fait, d'une exécution, il peut, par une deuxième sentence, diminuer le taux des dommages-intérêts alloués par la première, qui, elle, n'avait pas un caractère définitif, était purement comminatoire. La jurisprudence reconnaît ainsi aux dommages-intérêts, outre leur « fonction d'équivalence » la seule qui résulte, semble-t-il, du Code, une « fonction pénale [1] » et coercitive.

C'est cette théorie exposée en quelques mots et qui fait partie de la théorie plus générale des astreintes comminatoires que nous nous proposons surtout d'étudier d'abord, de critiquer ensuite. Mais, auparavant, dans une première partie de notre étude, nous nous appliquerons à voir s'il y a des précédents dans l'histoire, à rechercher si, en Droit romain et dans l'ancien Droit, la loi ou le juge avaient organisé un système de contrainte indirecte et si la condamnation à des dommages-intérêts était un des moyens de ce système. Nous étudierons ensuite très sommairement la théorie du Code sur les dommages-intérêts, au point de vue tout spécial de leur évaluation et de leur rôle.

La deuxième partie comprendra l'étude du système de la jurisprudence.

La troisième en contiendra la critique.

Enfin, dans une quatrième partie, après avoir examiné si la contrainte indirecte est légitime en pure théorie, et après avoir donné un rapide aperçu des législations étrangères en ce qui concerne notre sujet, nous rechercherons si le système des astreintes n'appelle pas une réforme législative.

---

[1] Ces expressions sont empruntées à Ihering. — *OEuvres choisies,* t. II, p. 158.

PREMIÈRE PARTIE

HISTOIRE

Nous avons jugé bon, avant d'exposer et de critiquer le rôle attribué par la jurisprudence aux dommages-intérêts, de faire une petite incursion dans le Droit romain et dans l'ancien Droit ; ce n'est pas dans l'espoir d'y trouver l'origine de notre système actuel : il a été créé de toutes pièces par nos tribunaux qui d'ailleurs ne se sont jamais appuyés, pour le défendre, sur des arguments tirés du Droit ancien ; mais il n'est pas indifférent, afin d'avoir une vue d'ensemble du sujet qui nous occupe, de faire un retour en arrière, d'avoir quelques notions sur la fonction des dommages-intérêts d'après les législations qui ont précédé la nôtre et qui nous touchent de si près, de comparer ce qui se faisait autrefois à ce qui se fait aujourd'hui ; d'autant plus que de cette comparaison peuvent naître des éléments de discussion, des motifs à justification ou à critique. De plus, le Droit romain nous donne l'exemple, sinon d'un précédent à la théorie des astreintes, du moins de procédés divers qui offrent avec elle certaines ressemblances frappantes.

CHAPITRE PREMIER

DROIT ROMAIN

SOMMAIRE : A Rome, un moyen de contrainte conventionnel : la clause pénale. — Autonomie juridique de l'individu expliquant l'usage de la contrainte indirecte. — Moyens de contrainte légaux ; — le *juramentum in litem*, — fonctionnement, — But ; — Comparaison avec le système de la jurisprudence ; — Contrainte du fait du juge.

Le Code civil, devant l'inexécution d'une obligation de faire, ne cherche pas à vaincre la résistance du débiteur et transforme le droit du créancier en un droit à une somme d'argent compensant le préjudice causé, et fixée d'après l'étendue de ce préjudice. A Rome, au contraire, on avait inventé de nombreux détours pour réduire le débiteur récalcitrant, pour le contraindre à l'exécution en nature.

A l'origine, alors que la notion de l'État n'existait pas encore, la vengeance privée était le seul mode d'exécution des contrats; elle se manifestait par la mort ou par l'esclavage du débiteur qui ne tenait pas son engagement, ou bien encore, plus tard, sous la forme d'une composition volontaire en argent. Lorsque l'État, empiétant peu à peu sur la famille et sur l'individu, eut établi un commencement d'organisation judiciaire, cette composition, de volontaire qu'elle était, devint légale, fut fixée par la loi et non plus par les parties. Elle n'en conserva pas moins son caractère pécuniaire qui resta longtemps encore attaché à la condamnation remplaçant l'ancienne composition volontaire. Les premiers juges, sous le système des actions de la loi, étaient de simples particuliers, choisis par les parties, sans connaissance spéciale des choses du Droit, dont il fallait par suite simplifier la tâche. On ne pouvait leur soumettre que des questions ayant pour objet un *certum*, n'exigeant pas un grand travail d'appréciation. Aussi était-il impossible de stipuler directement un fait ou une abstention : leur valeur est chose trop relative, leur estimation trop délicate. On avait recours à un moyen détourné, la *stipulatio pœnœ*, la clause pénale, en vertu de laquelle celui qui refusait d'accomplir un fait promis devait payer au créancier lésé une somme déterminée; et alors le juge n'avait plus qu'à répondre oui ou non sur la question de savoir si la peine était encourue : il se bornait, pour cela, à constater l'accomplissement ou la non exécution du fait.

L'usage de la clause pénale se maintint même à une époque où il fut permis de stipuler directement une obligation de faire, sous l'empire du système formulaire qui, élargissant le rôle du juge, lui donnait un pouvoir d'appréciation assez étendu, comme nous l'indique la formule elle-même ainsi conçue : QUIDQUID PARET *Numerum Negidium Aulo Agerio dare facere oportere,* QUANTI EA RES EST, *tantam pécuniam N. N. A. A. condemna.* C'est que la clause pénale avait alors une autre utilité : dans l'esprit du créancier, elle devait lui faire obtenir l'exécution en nature de la part du débiteur, et non pas une simple compensation en argent, comme le voulait le droit commun ; la stipulation d'une peine pécuniaire plus lourde que l'exécution pure et simple de l'obligation était bien faite pour décider le débiteur à réaliser celle-ci, afin de ne pas encourir celle-là.

Sous Justinien apparaît un principe nouveau, la condamnation *ad ipsam rem,* à l'objet du contrat et non à une somme d'argent équivalente. L'exécution en nature est devenue la règle ; mais, pour les cas exceptionnels où elle ne sera pas possible, la clause pénale rendra encore de grands services ; le résultat qu'on ne pourrait atteindre directement, on cherchera à l'obtenir par un moyen détourné. Et Justinien en recommande toujours l'usage aux parties [1].

La clause pénale, qui n'est pas autre chose que la stipulation de dommages-intérêts souvent exagérés, nous apparaît donc comme un moyen de contrainte indirecte fréquemment employé à Rome ; mais lorsque les parties n'en usaient pas, que le contrat était muet sur ce point, la loi et le Préteur avaient organisé, pour y suppléer, tout un système de moyens de coercition détournés ; à côté du mode conventionnel, la clause pénale, les modes légaux abondent. Et il ne pouvait en être autrement à Rome, où régnait en maître le principe de la liberté individuelle, de l'autonomie juridique de l'individu : « le droit tout entier y est un hymne pratique exaltant la valeur et la mission de la

---

[1] V. *Institutes,* l. 3, t. XVI, § 17

personnalité. Le Droit avait de bonne heure enseigné aux Romains la théorie que l'homme existe pour se créer lui-même son monde, pour ne relever que de lui-même et ne décider que par lui-même [1] .»

Le respect de la volonté de l'individu se manifeste dans nombre d'institutions judiciaires. Dans les rapports de droit privé, l'État n'intervient que rarement, laissant aux particuliers le soin de démêler leurs affaires. S'agit-il de faire comparaître le défendeur devant le magistrat ou devant la juge? Le demandeur s'en acquitte seul : pas de traces d'immixtion d'un pouvoir central dans la *vocátio in jus*. D'un autre côté, la formule délivrée par le magistrat est acceptée par les parties ; ce sont elles qui choisissent leur juge, faisant ainsi du procès un véritable contrat. Enfin, pour exécuter la condamnation qui suit cette procédure, on observe le même respect de l'autonomie de l'individu en usant d'un subterfuge curieux ; pour ne pas avoir à violer la volonté du débiteur, à froisser sa personnalité sacro-sainte, on la fait disparaître complètement ; on la supprime plutôt que d'empiéter sur elle. C'est ainsi que le débiteur contre lequel on pratique la *venditio bonorum* subit une *capitis deminutio*, n'a plus aucune personnalité ; désormais, il n'est pas une personne juridique, il n'existe plus au point de vue du droit. Sa volonté ne peut se manifester légalement et, par suite, on ne court aucun risque d'y faire échec.

Cette prédominance du rôle de l'individu peut avoir

---

[1] Ihering. Esprit du Droit romain, t. II, p. 297.

pour causes et le prestige énorme attaché à la qualité
de citoyen romain, et la puissance à peu près absolue
qui lui est reconnue comme chef de famille. Une
personne, au sens juridique du mot, réunit sur sa tête
les trois qualités d'homme libre, de *civis romanus*, et
de *paterfamilias* qui lui confèrent une autorité et une
indépendance extraordinaires. Quoi qu'il en soit des
causes de l'autonomie juridique de l'individu à Rome,
elle existe incontestablement et les manifestations en
sont nombreuses. L'une d'elles consiste précisément
dans la manière de faire exécuter les contrats, d'obtenir
du débiteur la prestation par lui promise. On écarte
tous les moyens de contrainte directe qui pourraient
offenser le sentiment de la liberté individuelle pour
lequel on a un si grand respect, et comme, d'un autre
côté, les droits de l'un ne doivent pas nuire aux droits
de l'autre; comme le créancier contre lequel se retour-
nerait le principe de l'autonomie est plus intéressant
que le débiteur récalcitrant et jouit, tout comme ce
dernier, d'une personnalité respectable, on use de
procédés qui, tout en assurant les droits du premier,
laisseront intactes les prérogatives du second; on se
sert de moyens de contrainte indirecte ayant pour but
non pas de forcer le débiteur à exécuter, mais de l'obliger à vouloir exécuter. Il en existe un grand nombre
en Droit romain; ils reposent tous sur la même idée :
donner au débiteur un intérêt à exécuter le contrat, en
lui faisant craindre, pour le cas où il refuserait, un
préjudice plus grand que celui qui résulterait de l'exécution elle-même.

On peut citer parmi les principaux [1] :

a.) Le *sacramentum* [2].

b.) Les *sponsiones* sanctionnant l'interdit du Préteur [3].

---

[1] *V.* pour plus de détails, Mareschal, Thèse de doctorat, Paris, 1893.

[2] La procédure du *sacramentum* fournit un exemple de contrainte indirecte à plusieurs points de vue : on impose au débiteur la double obligation de consigner un enjeu dont il n'aura pas toujours le montant à sa disposition, et de trouver des *prœdes* pour garantir l'exécution au cas où le *sacramentum* serait *injustum*; les *prœdes* ne s'engageront que difficilement, car si l'adversaire triomphe ils sont soumis à la *manus injectio*; en outre, le débiteur court le risque de perdre son enjeu si sa résistance n'est pas fondée, sans être pour cela délivré de l'obligation principale. Ces obstacles et ces risques étaient de nature à lui faire préférer l'exécution volontaire et immédiate aux conséquences fâcheuses de son entêtement.

[3] Le Préteur par le moyen de l'interdit donne l'ordre de faire ou de ne pas faire une chose ; pour que cet ordre ne reste pas lettre morte, il y est joint une stipulation, une *sponsio* en vertu de laquelle la partie qui résistera promet de donner à l'autre une somme d'argent. Si le juge constate que l'interdit a été violé, la somme est perdue pour le contrevenant ; c'est une sorte de clause pénale avec cette particularité toutefois qu'elle est légale et obligatoire et qu'elle n'exclut pas la prestation qu'elle garantit.

Le *sponsio* en matière d'interdit est un cas d'application des dommages-intérêts revêtant un caractère pénal et coercitif et agissant comme une menace aux yeux du débiteur qui serait tenté d'enfreindre l'ordre du Préteur.

c.) La *missio in possessionem* [1].

La jurisprudence a admis, dans une hypothèse spéciale, un mode de contrainte faisant partie, comme la condamnation à des dommages-intérêts excessifs, du système des astreintes comminatoires, et qui offre quelques ressemblances avec la *missio in possessionem;*

---

[1] La contrainte se manifeste ici par l'envoi du créancier en possession des biens du débiteur qui se trouve ainsi privé de la jouissance de son patrimoine tout entier et par la menace de la vente dans un avenir assez rapproché. On conçoit parfaitement qu'à Rome l'universalité des biens du débiteur réponde d'un engagement portant sur un seul bien. Les condamnations étant pécuniaires, ce n'est pas un objet distinct du patrimoine que le débiteur est condamné à prester, mais une somme d'argent équivalente ; or, pour se procurer cette somme, il importe peu au créancier que l'on vende une partie plutôt que telle autre, il n'y a aucun motif de préférence en faveur d'un bien déterminé. C'est donc le patrimoine tout entier qui est saisi, et cela parce que le débiteur a refusé, au mépris du contrat et du jugement, de donner un des biens qui le constituent, ou encore (la *missio in possessionem* sanctionne aussi les obligations de faire) parce qu'il n'a pas voulu fournir caution dans un cas où la loi l'exigeait, ou enfin parce qu'il s'est obstiné à ne pas se présenter en justice, à rester en état d'*indefensio ;* sans compter la vente qui suivra l'envoi en possession et qui, elle, aura des suites beaucoup plus funestes : l'infamie et la perte de la personnalité juridique. Les conséquences de la *missio in possessionem* sont trop graves pour que le débiteur s'expose à en courir les risques sans motifs sérieux ; afin de les éviter, il exécutera son obligation toutes les fois qu'il lui sera possible de le faire.

c'est le droit, pour le mari dont la femme refuse de réintégrer le domicile conjugal, de pratiquer une sorte de saisie sur les biens de celle-ci, de lui enlever ainsi tous droits d'administration et de jouissance qu'elle pourrait avoir d'après son contrat de mariage, et de capitaliser les fruits perçus [1]. Le mari a donc bien à son profit une sorte de *missio in possessionem* ; toutefois son droit ne va pas jusqu'à la possibilité de consommer, au bout d'un certain temps, la vente des biens saisis.

On trouverait encore d'autres exemples de contrainte indirecte [2] ; mais il en est un qu'il est nécessaire d'étudier un peu plus longuement, car il se rattache plus spécialement à notre sujet : c'est le *juramentum in litem*.

Le *juramentum in litem* [3] est une procédure par laquelle le demandeur, sur l'invitation du juge, fixe sous serment le taux de la condamnation qui sera prononcée contre le défendeur, faute par lui d'exécuter en nature l'obligation contractée. Le débiteur se voyant, pour ainsi dire, à la merci de son adversaire, sera

---

[1] *V*. Arrêts dans ce sens. Cour de Paris. D. 34, 2, 143 et D. 55, 2, 208.

[2] Tel le sénatus-consulte Pégasien menaçant l'héritier institué de la suppression de la quarte s'il refuse de faire addition d'hérédité à cause du grand nombre de fidéicommis, tout en lui laissant courir le risque d'être obligé de faire addition quand même, *jussu prœtoris*.

[3] *V*. Sur le *juramentum in litem* l'étude détaillée de M. Camus, Thèse de doctorat, Paris, 1886.

porté à faire droit aux réclamations de ce dernier, à obéir au *jussus* du juge, plutôt que de s'exposer à payer des dommages-intérêts à peu près fatalement exagérés, puisqu'ils sont réglés par la partie intéressée.

Il convient de dire, tout d'abord, que ce n'est pas là un mode de contrainte ayant une portée générale : il est restreint à certaines actions et il n'a pas existé à toutes les époques. Mais avant son apparition la pratique suppléait à l'absence de la loi et avait fait pressentir sa création postérieure. « L'exécution forcée n'étant pas admise en nature, en pratique on estimait par avance les dommages-intérêts pour inexécution à un taux si élevé, que le débiteur préférât s'exécuter. Plus tard, le législateur romain s'empara de ce stratagème de la pratique et le *juramentum in litem* n'en est que l'application [1]. » Quand le créancier n'aura pas estimé les dommages-intérêts au jour du contrat, la loi désormais lui permet d'en faire l'évaluation au moment du procès ; s'il n'a pas stipulé une clause pénale quand il a traité avec le débiteur c'est qu'il avait en lui une entière confiance ; il s'est trompé : il ne sera pas victime de son erreur. Ce qu'il n'a pas fait déjà, il pourra le faire encore ; ce sera une espèce de *stipulatio pœnæ* après la lettre, plus grave même qu'une véritable clause pénale, puisque c'est le seul demandeur qui en fixe le taux sans débat contradictoire avec le débiteur, et le juge, s'en rapportant à l'appréciation du stipulant, la confirmera par sa sentence.

---

[1] Meynial. *Revue pratique de Droit français*, t. LVI, p. 448.

Le *juramentum in litem* trouve son application surtout dans les actions arbitraires, quelquefois dans les actions de bonne foi et, plus rarement, dans les actions de droit strict. Il se présente à nous comme la sanction soit d'une obligation de donner, soit d'une obligation de faire ; à l'époque où nous nous plaçons en effet, c'est-à-dire en plein système formulaire, l'impossibilité de stipuler un *facere* a disparu ; la loi elle-même fournit des exemples d'obligations de faire : obligation pour le tuteur de dresser un inventaire, obligation de fournir caution.

Il est intéressant d'étudier le mécanisme de cette procédure dans les actions arbitraires, auxquelles d'ailleurs elle s'applique à peu près exclusivement. Et d'abord, pour qu'il y ait lieu à *juramentum in litem*, il faut de la part du débiteur un dol ou une faute lourde ; la faute légère emporte seulement *l'œstimatio judicis ;* il y a là une distinction à retenir et sur laquelle nous reviendrons sous peu. L'office du juge dans l'action arbitraire se trouve dédoublé : en premier lieu il rend un *arbitrium* déterminant la satisfaction à laquelle le demandeur a droit et un *jussus* par lequel il ordonne l'exécution en nature ; ce pouvoir lui est conféré par une mention de la formule délivrée par le magistrat ; en second lieu, il prononce le jugement au cas où le débiteur refuse d'obéir. Pour empêcher que le défendeur ne soit tenté d'enfreindre le *jussus* un peu trop à la légère, l'institution du *juramentum in litem* est là comme une menace, comme un châtiment prochain en cas de désobéissance. S'il ne veut pas se soumettre à la décision du juge, il est condamné à payer, en échange de l'exécution, une certaine somme à titre de dommages-intérêts ; et c'est le demandeur qui en fixera le taux à son gré, sans avoir, en principe, à fournir la moindre justification de la somme qu'il réclame.

Il y aura dans l'évaluation faite par le créancier une exagération certaine ; l'arbitre étant aussi partie au procès tiendra un plus grand compte de ses intérêts que des règles de la plus stricte équité et ne laissera pas échapper l'occasion qui s'offre à lui de satisfaire le désir de vengeance dont se trouve animé tout créancier en présence de l'inexécution frauduleuse du débiteur. Il appréciera le dommage éprouvé par lui non pas seulement d'après la perte matérielle qu'il subit, mais encore d'après la violence de son ressentiment. Faut-il aller jusqu'à dire que la majoration du taux des dommages-intérêts est due à une autre cause, la prise en considération de l'intérêt d'affection ? La question est discutée, nous la retrouverons en Droit français. En outre, le juge ne peut guère mettre un frein au pouvoir d'appréciation du demandeur [1], du moins au début de l'époque classique, car dans la suite

---

[1] A l'origine, le respect du serment est un frein suffisant chez un peuple aussi religieux que le peuple romain. A mesure que disparaît la crainte des dieux disparaît aussi le pouvoir modérateur du serment, et c'est pour cela qu'il faut admettre la *taxatio* du juge. Néanmoins, même au début, le respect du serment ne devait pas empêcher toute exagération parce que, de très bonne foi, le créancier lésé estimait son ressentiment plus que son dommage.

de nombreux tempéraments vinrent modifier à peu
près complètement l'aspect du *juramentum in litem ;*
il lui est interdit soit de fixer à l'avance un maximum
qui ne pourra être dépassé, soit d'abaisser, après le
serment du demandeur, le montant des dommages-
intérêts, si ce n'est pour des raisons tout-à-fait excep-
tionnelles. Enfin, quand le juge a prononcé la condamnation en se conformant aux indications du créancier,
le débiteur ne sera pas admis à protester contre le
manque de proportion, si évident soit-il, qui pourra
exister entre le préjudice et la réparation. Il a été de
mauvaise foi, en n'exécutant pas le contrat d'abord,
en n'obéissant pas à l'ordre du juge ensuite : il est
puni par où il a péché; il ne sera pas entendu quand
il se prétendra lésé par la mauvaise foi d'autrui. A la
fin de l'époque classique il n'en est plus de même
sans doute, et les recours du débiteur trop maltraité
augmentent avec le temps ; mais au commencement de
la période formulaire les choses se passaient ainsi
et cela n'est pas fait pour nous étonner si nous considérons le but poursuivi par le législateur.

Ce but, c'est l'exécution volontaire en nature par
le débiteur. Le système des condamnations pécuniaires,
s'il était en harmonie avec l'ancienne simplicité du
rôle du juge et l'idée que la condamnation a conservé
les caractères de la composition volontaire d'autrefois
devenue légale, sacrifiait le plus souvent les intérêts
du créancier en ne tenant aucun compte de son intention. Quand on stipule d'une personne la prestation
d'une chose ou d'un fait, ce n'est pas pour obtenir

un équivalent en argent qui représentera très rarement la valeur exacte de l'objet stipulé. C'est cependant ce qui arrivait en règle générale sous les actions de la loi et pendant toute la période formulaire. Pour les actions arbitraires, ces conséquences mauvaises eussent disparu si le *jussus judicis* avait été susceptible d'exécution forcée. Mais il est peu probable qu'il en ait été ainsi [1]. En tout cas, cela est au moins douteux. Les inconvénients d'un pareil système ne pouvaient manquer d'attirer l'attention du législateur ; le remède était facile : il n'y avait qu'à supprimer le système lui-même. Mais l'esprit essentiellement conservateur des Romains s'opposait à une transformation aussi brusque. Le principe resta ; on s'ingénia seulement à en éviter les suites fâcheuses et c'est ce qui explique, concurremment avec l'autonomie juridique de l'individu, la création d'une longue liste de moyens détournés dont le *juramentum in litem* offre un exemple curieux. Conçu dans le sens de mode de contrainte, il présentait le double aspect d'une menace et d'une peine, grâce précisément à l'exagération du taux de l'indemnité par le demandeur. Une évaluation juste et modérée des dommages-intérêts était contraire au but que l'on poursuivait, tandis que l'estimation majorée du créancier s'y prêtait à merveille. On comprend alors la liberté dont il jouissait dans la détermination de la valeur du préjudice.

---

[1] Dans ce sens, Accarias, Précis de Droit romain, t. II, p. 1125.

Quand, sous le système extraordinaire, le principe de la condamnation *ad rem* prévalut, l'utilité du *juramentum in litem* devint moindre : le mal ayant disparu, le remède ne s'imposait plus ; toutefois il avait encore l'occasion de s'appliquer, en matière d'obligation de faire, quand, l'exécution en nature étant impossible au cas de refus du débiteur, la condamnation *ad rem* n'était pas suivie d'effet ; il servait alors à astreindre d'une manière indirecte le débiteur d'un fait à l'accomplissement du fait promis.

Ainsi étudiée à une certaine époque du Droit romain, l'institution du *juramentum in litem* offre de grandes ressemblances avec le système de contrainte indirecte établi aujourd'hui par les tribunaux français. Des deux côtés, une première décision intervient condamnant le débiteur à exécuter en nature ; la décision nous apparaît, ici sous la forme d'un premier jugement, là sous le nom d'*arbitrium judicis* et de *jussus*. Comme sanction de cette décision, comme mesure de précaution pour le cas où elle ne serait pas exécutée, les deux législations édictent une menace contre le débiteur qui résiste, lui font entrevoir la condamnation à une peine pécuniaire, à des dommages-intérêts exorbitants. En Droit romain, le taux en sera fixé dans la suite par le demandeur ; en Droit français il est contenu dans le premier jugement. Si le débiteur se soumet et exécute, la menace tombe ; s'il résiste, la menace se réalise et devient une peine : ici le premier jugement sortira son plein et entier effet, là intervient le *juramentum in litem* et la

condamnation par le *judex*. Enfin, dernier rapprochement et qui n'est pas le moins intéressant : si le débiteur,
en Droit français, quoique n'exécutant pas en nature
suivant l'ordre du tribunal, n'a cependant rien à se
reprocher, s'il s'est efforcé de donner satisfaction au
créancier sans pouvoir y arriver, la peine n'a plus de
raison d'être ; les dommages-intérêts exagérés qui en
tenaient lieu sont réduits à un *quantum* moins élevé
par un deuxième jugement. En Droit romain, nous
voyons une distinction analogue : le *juramentum in
litem,* qui emporte avec lui l'idée de peine, s'appliquera
si l'inexécution par le débiteur est le résultat du *dol*
ou d'une faute lourde de sa part ; mais s'il n'est
coupable que d'une faute légère, on revient au Droit
commun, à l'estimation par le juge lui-même, à la
seule réparation du préjudice causé.

Le Droit romain nous donne ici un exemple du
changement qui s'est opéré depuis l'origine dans le
mode d'évaluation des dommages-intérêts. Au début,
c'est l'estimation absolue, purement matérielle, basée
exclusivement sur la perte réelle, qui tombe sous les
sens, c'est l'estimation objective qui prévaut, imposée
par la simplicité du rôle du juge ; une même contravention soit à la loi, soit à une convention entre parties
comportera une seule réparation toujours la même,
abstraction faite des personnes en cause , des mobiles
qui les ont guidées, des circonstances extérieures qui
ont pu influer sur elles. Tel est le Droit ancien. Le
Droit nouveau, au contraire, apprécie la réparation du
dommage d'une manière relative, en s'inspirant des

motifs, des modalités du fait litigieux, de la responsabilité de l'auteur. La perte subie n'est pas le seul élément pris en considération ; il en est un second qui a bien aussi son importance, c'est la culpabilité de l'agent : l'estimation est subjective [1].

De ce qui précède il résulte qu'en Droit romain le système de la contrainte indirecte était en honneur et qu'un des moyens employés consistait dans l'exagération des dommages-intérêts en cas d'inexécution. Lorsque le taux est fixé à l'avance par les parties, c'est la clause pénale. S'il est fixé au cours du procès, après que le juge a ordonné au débiteur de faire droit aux réclamations du créancier, c'est le *juramentum in litem.*

Ne faut-il pas aller plus loin et dire que, même dans les cas où la loi et les parties étaient muettes, en dehors des hypothèses où il y avait lieu soit légalement, soit conventionnellement à contrainte indirecte, en un mot toutes les fois que l'estimation des dommages-intérêts était laissée à la libre appréciation du juge, le *quantum* était majoré par ce même juge de manière à

---

[1] *Sic.* Ihering. Esprit du Droit romain, t. II, p. 109.

Il ne faudrait pas cependant parler de cette évolution en termes trop absolus ; car il est au moins un élément n'ayant rien de matériel dont le juge devait tenir compte au début et qui a exercé avec le temps une influence de moins en moins sérieuse sur l'estimation du dommage : c'est l'irritation, le ressentiment éprouvés par le créancier qui assimilait l'inexécution des contrats à un véritable délit. En se plaçant à ce point de vue spécial, c'est une évolution contraire à celle dont nous parlons qui se serait produite.

n'évoquer que d'assez loin l'idée d'une réparation ? Il
pourrait sembler trop osé de l'affirmer en présence des
textes qui, par les expressions toujours les mêmes de
quanti ea res est, id quod interest, considèrent,
paraît-il, l'*œstimatio judicis* comme l'évaluation aussi
exacte que possible du préjudice causé. Nous croyons
cependant qu'en prononçant la condamnation à une
somme d'argent le juge était assez porté, dans un but
d'équité à l'égard du demandeur, à en exagérer le
quantum et, par suite, à donner au débiteur, sinon à
celui qui était en cause, du moins aux débiteurs à venir,
un intérêt réel à exécuter en nature. Il y avait trois
raisons à cela : l'impossibilité de l'exécution forcée en
vertu du principe de l'autonomie juridique de l'individu ;
— la situation mauvaise créée au demandeur par le
système des condamnations pécuniaires ; — et enfin
l'application de l'idée ancienne mais non encore entièrement abandonnée que l'inexécution d'un contrat est
une injure qui demande vengeance, un délit qui entraîne
une peine. Et même, d'après Ihering, le juge pouvait
avant de condamner définitivement le défendeur, lui
donner un avertissement, le menacer d'une peine
pécuniaire. « On se représenterait d'une façon tout-à-fait
inexacte la fonction du juge romain si l'on voulait
admettre que dans des actions qui n'appartiennent point
à la catégorie de celles que nous venons d'indiquer
(actions arbitraires) le juge n'eût pas pu faire des
remontrances au défendeur qui refusait obstinément
d'effectuer la prestation promise, alors qu'il était en état
de le faire. Ce serait une erreur de croire que le juge

ne pût pas exercer une pression sur le débiteur en le menaçant d'avance d'une condamnation si élevée qu'il dût lui paraître désavantageux de persister plus longtemps dans son refus [1] ». Ce serait là, sauf quelques questions de détail, une pratique à peu près analogue à celle de nos tribunaux français.

Il ne faut pas oublier enfin qu'à côté de la contrainte exercée par la loi et par le juge il y a la contrainte exercée par le magistrat, par le Préteur, toujours par la menace d'une condamnation pécuniaire ; les *sponsiones* en matière d'interdit nous en ont fourni un exemple.

CHAPITRE II

ANCIEN DROIT

SOMMAIRE : Les dommages-intérêts sont considérés comme un équivalent ; Estimation modérée du dommage : Influence du Droit romain de Justinien. — Les dommages-intérêts n'ont pas une fonction pénale et coercitive, qu'ils soient fixés par le juge, — ou par les parties : théorie de la clause pénale comminatoire.

A Rome les dommages-intérêts jouent le rôle de moyen de contrainte et de peine à un triple point de vue : de par la volonté des parties, sous le nom de clause pénale ; en vertu d'une disposition de la loi : c'est le *juramentum in litem ;* enfin sous la forme

---

[1] Ihering. Œuvres choisies, t. II, p. 159.

de condamnation par le juge ou le magistrat. Et toujours le caractère pénal et coercitif se manifeste par
l'exagération du taux des dommages-intérêts. Dans
l'ancien Droit au contraire, les auteurs sont unanimes
pour recommander au juge la modération, quand il
s'agit de déterminer le montant de la réparation due
par le débiteur qui n'exécute pas. C'est dire que l'on
voit dans les dommages-intérêts un équivalent au préjudice causé par l'inexécution et non pas une menace
pour intimider le débiteur et obtenir de lui la réalisation de sa promesse, ou une peine pour lui faire expier
sa désobéissance.

Sans doute, dans le très ancien Droit, on appliquait
des règles plus rigoureuses en matière d'inexécution
des contrats. Les peuplades barbares qui s'étaient
implantées en Gaule avaient des notions juridiques
tout-à-fait primitives ; elles en étaient encore à la vengeance privée, à l'exécution sur la personne telle que
les premiers Romains l'avaient pratiquée, telle que
l'ont connue tous les peuples à l'origine. Mais avec
les progrès de la civilisation, progrès qui furent assez
lents pendant la période troublée du moyen âge, ces
procédés primitifs disparaissent, pour faire place à
d'autres moins barbares, plus humains.

La saisie privée, dernier vestige de l'idée de vengeance privée, se transforme peu à peu en un mode
d'exécution légal nécessitant l'autorisation préalable
du juge et la production d'un titre exécutoire. Quant
à la contrainte physique, elle n'est plus en usage. Le
contraire semblerait toutefois résulter de certaines

pratiques du Droit féodal ; le seigneur, par exemple, pouvait astreindre par la force le vassal à exécuter les corvées. Mais la conclusion du particulier au général serait fausse. La corvée était une obligation d'un caractère spécial, une obligation légale, comme l'est de nos jours le service militaire, et la contrainte dans ce cas ne nous choque nullement, même aujourd'hui [1]. Du reste, le Droit féodal considéré dans son ensemble consacre le respect de la liberté du vassal débiteur. S'il n'exécute pas les diverses obligations qu'il a contractées en faisant le serment de foi et d'hommage, le suzerain ne cherchera point à l'y contraindre. Il fera seulement mainmise sur les biens concédés et il en percevra les fruits jusqu'à ce que le vassal se décide à remplir ses devoirs. Il y a là une sorte de résolution du contrat, résolution temporaire le plus souvent, tenant lieu pour le seigneur de réparation du préjudice causé. L'équivalent sera dans ce cas adéquat au dommage, puisque l'obligation pour le suzerain de laisser jouir le vassal correspond à l'obligation pour le vassal de rendre certains services au suzerain. Ces principes sont contenus dans la coutume de Paris. « Le seigneur féodal, par faute d'homme, droits et devoirs non faits et non payés, peut mettre en sa main le fief mouvant de lui et icelui fief exploiter en pure perte [2]. »

Ces progrès sont dus à l'intervention du pouvoir royal grandissant et à la renaissance du Droit romain

---

[1] *V.* Meynial. Revue pratique, p. 400, Note 1.
Bourdot de Richebourg. Coutume de Paris, Art. 1er.

au milieu du XIme siècle. Les dispositions du Droit de
Justinien sont remises en honneur par les romanistes
de l'École de Bologne d'abord, avec le célèbre Irnérius
comme fondateur, et plus tard par les diverses Écoles
françaises qui suivent la même marche. Vers le milieu
du XIIme siècle, les Pandectes triomphent, leurs prescriptions font la loi commune de la France, y compris
les pays de coutume, car s'il est vrai de dire que
d'une manière générale les provinces du Nord étaient
régies par leurs lois et leurs usages propres, elles
suivaient cependant les règles du Droit romain en
matière d'obligations, les coutumes étant souvent
muettes sur cette partie du Droit.

Or, qu'enseignait le Droit de Justinien ? En principe,
il ordonnait l'exécution en nature, le juge prononçant
la condamnation *ad ipsam rem* et non plus à une somme
d'argent. Au cas de refus du débiteur, l'inexécution
donnait lieu à des dommages-intérêts qui tendirent de
plus en plus à abandonner le caractère de moyen de
contrainte et de peine pour prendre la forme de réparation et d'équivalent. C'est le résultat d'une évolution
qui s'opère avec le temps et qu'il est facile de suivre en
Droit romain dans l'histoire de certaines institutions:
la loi *aquilia*, par exemple, qui au début édictait la
peine du double ne donne droit, à une époque postérieure, qu'à la réparation du préjudice causé, à la simple
valeur de la chose pendant la dernière année ou le dernier mois. De même le *juramentum in litem* qui était à
une certaine époque un véritable moyen de contrainte
devient au Bas-Empire un simple moyen de preuve.

C'est la théorie-romaine des dommages-intérêts, ainsi modifiée dans le sens de la modération, que l'ancien Droit a adoptée : il n'est pas question de contraindre le débiteur mais de lui faire réparer le préjudice qu'il a causé. « Lors donc que l'on dit que le débiteur est tenu des dommages-intérêts résultant de l'inexécution de l'obligation, cela veut dire qu'il doit indemniser le créancier de la perte que lui a causée et du gain dont l'a privé l'inexécution de l'obligation [1].» De même « En général les dommages-intérêts doivent s'estimer avec modération . . . . . Même quand il y a *dol* de la part du débiteur et que celui-ci doit toutes les suites du dommage, néanmoins il dépend encore du juge d'user de plus ou moins d'indulgence [2]. »

-Un exemple frappant de cette réserve dans l'évaluation des dommages-intérêts nous est fourni par la théorie de la clause pénale comminatoire en honneur dans l'ancien Droit : lorsque les parties ont stipulé le paiement d'une indemnité en cas d'inexécution par l'une d'elles, le juge n'est pas lié par cette stipulation, il peut diminuer le taux qui lui paraît excessif, qui dépasse visiblement le « dommage effectif. » C'est là une opinion généralement admise par les auteurs des pays de Droit écrit comme Claude Serres ou de Droit coutumier comme Pothier et Dumoulin. Claude Serres, faisant mention du passage des Institutes (l. 3, t. XVI,

---

[1] Pothier. Obligations, N° 159.

[2] Denizart. (*V°* Dommages-Intérêts.) Collection de décisions nouvelles.

§ 7) où Justinien recommande avec soin aux parties
l'usage de la clause pénale afin d'éviter l'arbitraire du
juge, observe que de son temps la recommandation
du législateur romain n'a plus de portée, car « le juge
peut toujours régler les dommages-intérêts suivant
les circonstances [1]. » Dumoulin [2] étudiant cette théorie
cherche à la justifier. Il invoque la loi unique au
Code de *sententiis quœ p. eo quod int. prof.* (l. 7,
t. XVII). En vertu de ce texte, l'*interesse* qu'il soit
fixé ou non à l'avance par les parties, est susceptible
d'un *competens moderamen*, d'une atténuation de la
part du juge; — en outre, si dans certains cas le
taux de l'indemnité ne doit pas excéder le double de
la valeur de la chose, alors même qu'il dût être, ainsi
restreint, inférieur à l'*interesse,* à plus forte raison
doit-on restreindre ce taux quand il sera, d'une manière
évidente, supérieur au préjudice causé ; — enfin si,
après l'inexécution par le débiteur, le créancier demandait des dommages-intérêts excessifs, le juge
pourrait les réduire : il en sera de même de ceux qui
avaient été stipulés à l'avance.

Pothier [3] reproduisant les motifs invoqués par
Dumoulin en ajoute d'autres : Si les dispositions d'une
clause pénale non en rapport avec le dommage réel
étaient respectées, il en résulterait pour le créancier
un enrichissement sans cause, ce qui est inadmissible.

---

[1] Claude Serres. Chap. de la Clause pénale.
[2] *De eo quod interest,* N⁰ˢ 159 et ss.
[3] *Traité des Obligations,* N⁰ 345.

Et puis, — cette raison nous paraît tout particulièrement spécieuse, — le débiteur n'est point passible de la peine stipulée par convention, car, lorsqu'il a consenti à la clause pénale, il comptait bien ne jamais l'encourir : « le débiteur, stipulant une clause pénale, croit ne s'engager à rien en s'y soumettant et il est dans la disposition de ne pas s'y soumettre s'il croyait que le cas de cette peine pût arriver ; ainsi le consentement qu'il donne à l'obligation d'une peine aussi excessive étant un consentement fondé sur l'erreur n'est pas un consentement valable. »

En somme, la meilleure des raisons à l'appui de cette thèse est une raison d'équité. « Il semblerait injuste d'accorder à celui qui souffre de l'inexécution plus qu'il n'aurait profité si la convention eût eu son effet [1]. »

Azon est peut-être le seul des jurisconsultes de l'ancien Droit qui ait soutenu l'opinion contraire, c'est-à-dire le respect de la convention des parties [2]. Il s'appuyait sur la distinction qui doit être faite entre le cas où les dommages-intérêts sont réglés par le juge et celui où les parties les ont fixés par convention.

---

[1] Denizart, *loc. cit.*

[2] Le Code civil, Art. 1152 a suivi l'opinion d'Azon. — Certaines législations européennes admettent au contraire la réduction du taux fixé par la clause pénale « quand la » somme est énormément excessive » (Code sarde, Art. 1152). *Sic.* législation du canton de Fribourg, Art. 1245. — *V.* Anthoine de Saint-Joseph, *Concordance entre le Code Napoléon et les Codes civils étrangers,* t. I et IV.

Dans le premier, rien ne s'oppose à la modération dans l'évaluation du *quantum*, car le débiteur n'ayant pas exprimé la volonté de s'engager *in immensum*, il y a une présomption en sa faveur. Mais dans le second, il a manifesté l'intention de s'obliger jusqu'à concurrence d'une certaine somme ; il s'est soumis à une sorte de forfait dont il est décidé à accepter les conséquences bonnes ou mauvaises. La présomption dont il bénéficie en l'absence de convention n'a plus de raison d'être : *ubi est evidens voluntas non relinquitur præsumptioni locus.* Quant au texte invoqué par Dumoulin, Azon l'interprète d'une autre manière. Il signifie que le *competens moderamen* s'applique seulement quand il appartient au juge, vu le silence des parties, d'apprécier le *quantum* des dommages-intérêts, mais non pas quand il s'agit d'un *interesse conventionale* [1]. Malgré toutes ces bonnes raisons, l'opinion d'Azon resta complètement isolée et la théorie de la clause pénale comminatoire triompha dans l'ancien Droit, au Nord comme au Midi de la France.

Si nous nous sommes appesantis sur cette question, c'est qu'elle est singulièrement concluante ; c'est qu'elle nous montre bien que les dommages-intérêts dus pour inexécution avaient, sans aucun doute, le caractère de réparation et non de contrainte ou de peine. Le juge en effet, lorsqu'ils excédaient visiblement le « dommage effectif » ne craignait pas de les réduire à une juste proportion, malgré l'existence d'une clause pénale

---

[1] Pothier. *Traité des Obligations,* N° 345 et ss.

renfermant la volonté des personnes intéressées ; il plaçait l'équité plus haut que l'intention des parties. C'est assez dire que lorsque dans le contrat aucune clause ne portait règlement des dommages-intérêts, le juge, libre alors de toute indication de la part des contractants, suivait volontiers cette tendance à la modération, à l'appréciation exacte du préjudice réel, « effectif. »

Ainsi les dommages-intérêts n'étaient pas considérés comme un moyen de contrainte, pas plus sous la forme d'une condamnation par le juge que d'une convention préalable des parties. La clause pénale contenant la fixation du taux du préjudice à une somme manifestement exagérée est un procédé bien fait pour assurer au créancier l'exécution directe en nature, mais à condition qu'elle soit respectée. Or dans l'ancien Droit, quand l'estimation était excessive, c'est-à-dire précisément quand la clause pénale eût été un vrai moyen de contrainte, elle était réduite par le juge.

Denizart semble bien cependant vouloir dire, et l'expression de « comminatoire » confirme son opinion, que la clause pénale était considérée comme une menace devant agir sur l'esprit du débiteur en vue de l'exécution directe en nature : « ces stipulations sont moins une juste estimation qu'une précaution pour obliger les contractants à exécuter la convention [1]. » Mais ne sera-ce pas une précaution inutile puisque le débiteur

---

[1] Denizart, *loc. cit.*

sait que, s'il s'engage pour une somme trop forte, le juge dans la suite se fera un devoir de la diminuer ? Quelle influence peut exercer sur lui une clause qui ne sortira pas à effet si elle doit avoir des conséquences trop fâcheuses ? La crainte d'un mal plus grand que l'exécution n'existe pas, car la réparation qu'on lui demandera ne sera pas supérieure à la valeur de l'exécution elle-même. La modération du taux des dommages-intérêts, leur évaluation d'après le préjudice effectif sont incompatibles avec les idées de menace et de peine qui constituent les éléments générateurs de la contrainte.

A propos de la clause pénale comminatoire, nous ferons remarquer que les juges de l'ancien Droit avaient un pouvoir d'appréciation très large, puisqu'ils pouvaient ne tenir aucun compte de la volonté antérieurement bien arrêtée des parties en cause ; ils n'en usaient guère d'ailleurs que dans un but de modération. Il est vrai qu'ils pouvaient aussi élever le *quantum* fixé par convention et « la raison en est que celui qui a stipulé une peine à son profit ne peut pas être censé avoir eu intention de rendre sa condition pire que s'il n'avait pas fait cette stipulation [1] ; » mais ils ne devaient le faire que très rarement, car la clause pénale réglait généralement les dommages-intérêts suivant un taux ou supérieur ou au moins égal au préjudice causé. Les juges d'aujourd'hui, en l'absence toutefois de clause pénale, ne se montrent pas moins souverains, mais

---

[1] Denizart, V° Clause pénale.

dans un sens tout-à-fait opposé, dans le sens de l'exagération, et ils invoquent pour cela le même motif
d'équité qu'avaient invoqué leurs prédécesseurs des
siècles derniers : tant il est vrai qu'un même principe
_peut donner lieu à des applications absolument con-
traires.

En somme, les dommages-intérêts n'ont pas joué
dans l'ancien Droit le rôle pénal et coercitif qu'ils
avaient en Droit romain. Ils n'ont jamais été un moyen
de contrainte, moyen conventionnel, judiciaire ou
légal.

CHAPITRE III

CODE CIVIL

SOMMAIRE : Même tendance à la modération dans le Code civil. —
Les dommages-intérêts sont la réparation d'un préjudice, — du seul
préjudice matériel, — et non un moyen de contrainte.

Le Code civil n'a fait que reproduire les traditions
de l'ancien Droit en matière de dommages-intérêts.

Les Art. 1142 et suivants sont à peu près littérale-
ment copiés dans le Traité des Obligations de Pothier.
(Comparer spécialement l'Art. 1142 et le N° 157,
l'Art. 1149 et le N° 159.) Nous sommes donc fortement
autorisés à dire *a priori* que si les rédacteurs du Code
ont emprunté aux anciens auteurs la forme sous laquelle

ils traduisaient les règles du Droit, ils ont bien voulu aussi leur emprunter le fond même du Droit; or, nous savons que l'esprit de la loi, à l'unanimité des jurisconsultes d'alors, était la modération dans la manière d'estimer les dommages-intérêts.

Nous ne trouvons dans le Code aucun texte qui puisse faire songer un seul instant à l'emploi des dommages-intérêts comme moyen de contrainte. Dire que l'obligation inexécutée « *se résout* en dommages-intérêts » (Art. 1142) « qui sont en général de la perte que le créancier a faite et du gain dont il a été privé, sauf exceptions », (Art. 1149), n'est-ce pas déclarer bien nettement que l'on a voulu *remplacer* l'obligation du débiteur par un *équivalent* dont la loi a déterminé l'évaluation suivant des règles précises, ne laissant aucune place à l'arbitraire? Qu'on ne vienne pas objecter, en spéculant sur les mots « en général », que dans certains cas exceptionnels (et il dépendra du bon plaisir du juge de créer l'exception) l'estimation du préjudice causé se fera suivant d'autres règles, que l'on pourra ainsi majorer le taux des dommages-intérêts, en faire autre chose qu'une réparation. En effet, les Art. 1150 et 1151 qui renferment les modifications dont il est parlé dans l'Art. 1149, ne font qu'apporter des restrictions aux dispositions de ce dernier article qui se trouve par suite édicter un maximum.

Les partisans du système de la jurisprudence, voulant le rattacher quand même au Code civil, prétendent que l'exagération apparente des dommages-intérêts est due, non pas à une idée de peine, mais à la prise en considération du préjudice moral [1]. Examinons donc si le Code admet la réparation du préjudice moral [2].

Les auteurs qui l'affirment [3] invoquent le texte de l'Art. 1149, le Droit romain et l'équité. L'Art. 1149 se sert des expressions « perte faite et gain manqué »; pourquoi restreindre la portée de ces termes à la perte matérielle, pourquoi ne pas admettre une interprétation plus large ? Les dommages-intérêts doivent réparer le préjudice qui résulte de l'inexécution; puisqu'il n'est pas fait mention de la nature du préjudice, c'est que l'on entend parler de tout préjudice, matériel ou moral. Nous répondrons que l'Art. 1149 lui-même rejette clairement, quoique d'une manière implicite, la réparation du préjudice moral. N'est-il pas manifeste, à la

---

[1] Labbé. Revue pratique, 1882. « Encore l'Affaire Beauffremont. »

[2] L'examen de cette question peut paraître déplacé dans cette étude ; mais, sans compter que nous le ferons très rapidement, il n'est pas pour nous sans utilité. Nous verrons en effet plus tard que nous considérons les dommages-intérêts comme une peine, toutes les fois qu'ils dépassent le préjudice *matériel*; l'occasion s'offre à nous d'appuyer cette assertion ultérieure sur des considérations de droit, en indiquant d'ores et déjà pour quels motifs nous n'admettons pas la mise en ligne de l'intérêt moral. En outre nous ferons ainsi une critique anticipée de certaines versions qui croient donner une base légale au système de la jurisprudence en expliquant la majoration du taux de l'indemnité par la réparation du préjudice moral.

[3] Ihering. *Œuvres choisies*. t. II, p. 155 et ss.; M. Chausse. *Revue critique*, 1895 : *De l'Intérêt d'affection*.

lecture de cet article, qu'il est bien question de la
seule perte matérielle, appréciable en argent, ayant
un équivalent pécuniaire déterminé? La perte et la
valeur de la perte sont une même chose aux yeux du
législateur qui les confond, car il fixe les dommages-
intérêts non pas d'après la seconde comme il devrait
le faire en bonne logique, mais d'après la première :
c'est qu'il s'agit de biens représentant une somme
d'argent invariable, dont l'estimation est certaine et
sans difficulté aucune. Et si le législateur avait voulu
parler de préjudice moral, de biens à valeur indéterminée comme l'affection et l'honneur, n'aurait-il pas
posé des bases d'estimation [1] ?

En outre, dit-on, à Rome le juge ou le magistrat
avaient pour mission de protéger à la fois et les intérêts
pécuniaires et les intérêts d'un ordre intellectuel tels
que l'*affectus*, la *verecundia*, la *pietas*, l'*amœnitas*.
« Le demandeur doit recevoir réparation non seule
ment pour les pertes pécuniaires mais aussi pour les
restrictions apportées à son bien-être ou à ses conve-
nances, pour les désagréments, les agitations d'esprit,
les vexations qui lui ont été causées... Bref, à côté de sa
fonction d'équivalent et de peine, l'argent avait aussi dans
la procédure romaine une fonction de satisfaction [2]. »

Il ne nous appartient pas d'entrer dans la discussion
de la question en Droit romain, mais il nous paraît
toutefois que, dans certaines des hypothèses citées par

---

[1] *V.* Meynial. *Rev. pratique,* p. 442.
[2] Ihering, *id.*, p. 179.

le romaniste allemand, l'exagération des dommages-
intérêts eu égard au préjudice matériel se justifie par
des considérations autres que la mise en jeu de l'intérêt
moral. Ainsi Ihering voit dans la majoration du taux
de l'indemnité qui résulte du *juramentum in litem*
une preuve de la protection « d'intérêts extrapatrimo-
niaux »; mais on peut y voir de préférence le désir de
contraindre le débiteur à l'exécution en nature par la
menace d'une peine. D'ailleurs peu nous importe la
solution du Droit romain dans une matière dont les
règles sont pour ainsi dire calquées sur celles de
l'ancien Droit. C'est la législation de cette dernière
époque qui doit nous servir de guide, et on n'y parle
jamais que de dommage réel, effectif, et de modération
dans le calcul des dommages-intérêts.

Enfin il est bon que tout préjudice, même moral,
soit réparé; sinon on s'expose à commettre de véritables iniquités, en accordant à un demandeur digne
d'intérêt une réparation dérisoire. D'autant plus que
le Code lui-même, toujours dans un but d'équité ne
considère pas toujours exclusivement le tort matériel
et tient compte parfois de l'élément subjectif; en cas
de *dol*, par exemple, il y a aggravation du taux de la
réparation, et cependant, en fait, le préjudice réel sera
le même que dans l'hypothèse où le débiteur aura été
de bonne foi dans son inexécution. Pourquoi un autre
élément subjectif, l'intérêt moral, ne serait-il pas aussi
une cause d'aggravation [1]?

---

[1] Chausse, *loc. cit.*

D'abord, pour le *dol* il y a un texte qui justifie l'augmentation des dommages-intérêts, et il n'y en a point pour le préjudice moral. Et puis, l'Art. 1151 n'exclut pas l'Art. 1149; l'indemnité plus considérable quand il y a *dol*, est toujours fixée d'après la règle générale, elle doit représenter la perte subie et le gain manqué; le juge est lié par le texte et il ne peut faire l'estimation du préjudice suivant son bon plaisir. Au contraire, si l'on admet la réparation pécuniaire du préjudice moral, l'équité peut y gagner jusqu'à un certain point, mais n'est-ce pas aussi ouvrir la porte à l'arbitraire le plus absolu? L'appréciation en argent d'un bien dont la valeur varie avec les individus et avec les circonstances est chose trop difficile; elle est même impossible car en somme l'honneur et l'affection se paient-ils? Pourquoi vouloir remplacer par de l'argent des biens qui sont inappréciables, qui échappent à la commune mesure de tous les autres? A un dommage moral il faut une réparation morale [1]. D'ailleurs les cas où l'équité sera offensée ne sont pas aussi nombreux qu'on pourrait le croire. Le préjudice moral engendrera souvent un préjudice matériel et de ce chef il comportera une réparation pécuniaire. L'inexécution d'une promesse de mariage (qui est une obligation de faire) peut occasionner un dommage réel, objectif à la personne qui en est la victime : elle a manqué, par exemple, pour rester fidèle à sa

---

[1] *V.* plus loin.

parole, un établissement avantageux ; si c'est un
commerçant, une partie de sa clientèle, mise en
défiance, l'a quitté. Ici le préjudice qui est en somme
le résultat d'une atteinte à l'honneur, qui est la suite
d'un tort moral, se manifeste sous une forme matérielle ;
pouvant être évalué d'après des données précises, il
sera réparé. — Et puis, si l'équité doit souffrir quelquefois d'une réparation incomplète, nous n'avons
qu'à le regretter. Nous ne devons pas en effet examiner ici ce que le droit naturel conseille, mais constater seulement ce que le droit positif ordonne.

Nous sommes ainsi amené à conclure que le Code
civil comme l'ancien Droit considère les dommages-
intérêts comme un équivalent, et comme un équivalent
au seul préjudice matériel. Il ne leur reconnaît que
la « fonction d'équivalence », à l'exclusion de la
« fonction pénale » et de la « fonction satisfactoire ».

DEUXIÈME PARTIE

SYSTÈME DE LA JURISPRUDENCE

Si l'étude de l'ancien Droit français et du Code civil nous a appris que, ni dans l'une ni dans l'autre de ces deux législations, les dommages-intérêts ne jouent le rôle de moyen de contrainte, l'étude de la jurisprudence française actuelle va nous conduire à des conclusions diamétralement opposées. La théorie si connue sous le nom d'astreintes comminatoires n'a pas en effet d'autre but que la contrainte indirecte, et l'un de ses moyens [1] n'est pas autre chose que la condamnation à des dommages-intérêts destinée à procurer d'une manière détournée l'exécution en nature de l'obligation.

---

[1] Il y a d'autres moyens en usage dans le système des astreintes, mais ils sont exclusivement réservés à la sanction de l'obligation légale pour la femme de cohabiter avec son mari. Ce sont : la saisie des revenus des biens de la femme, l'envoi en possession et le séquestre. Un jugement du Tribunal de la Seine avait étendu l'application du séquestre au cas d'obligation de restituer des enfants. (Affaire de Beauffremont.) Mais la Cour de Paris infirma le jugement en substituant à ce procédé la condamnation à des dommages-intérêts par jour de retard.

Nous examinerons d'abord comment fonctionne le système de la jurisprudence, en étudiant le procédé de la condamnation à une certaine somme par jour de retard. Nous dégagerons ensuite de ce système ses deux caractères essentiels : le caractère pénal et le caractère comminatoire. Après avoir retracé les diverses phases par lesquelles a passé la jurisprudence, nous rechercherons quelle est la portée d'application de la théorie des astreintes [1] et nous nous demanderons enfin quelles en ont été les causes, quelle en est l'origine.

CHAPITRE PREMIER

CONDAMNATION A DES DOMMAGES-INTÉRÊTS
PAR JOUR DE RETARD

SOMMAIRE : Condamnation à des dommages-intérêts par jour de retard ; — même au cas où le débiteur refuse d'exécuter ; — et où l'on pourrait estimer le préjudice en bloc ; — Délais.

Contraindre le débiteur à l'exécution en nature, tel est le but de la jurisprudence ; le condamner à des dommages-intérêts excessifs en cas d'inexécution, tel est le moyen. Nous allons voir qu'il présente certaines particularités intéressantes.

---

[1] Nous entendrons souvent par ces mots, pour les besoins de la rédaction, non pas la théorie générale, mais la théorie réduite à l'un de ses moyens : la condamnation à des dommages-intérêts par jour de retard.

A Rome, la contrainte se traduisait par l'exagération des dommages-intérêts considérés en bloc, représentant le préjudice total et définitif. Aujourd'hui, au contraire, on en décompose le taux, on le divise en prestations quotidiennes ; au lieu d'une sentence allouant une somme unique, les tribunaux prononcent une condamnation à tant par jour de retard, l'indemnité finale se composant ainsi d'une série d'indemnités successives. L'exagération qui constitue la menace et la peine résultera soit de la disproportion entre la réparation quotidienne et le dommage réel, soit de la durée illimitée pendant laquelle courront les dommages-intérêts, soit même des deux, comme dans l'Affaire de Beauffremont.

Quand on se trouve en présence d'une condamnation à des dommages-intérêts par jour de retard, il faut distinguer si elle est la conséquence d'un véritable retard, ou bien s'il y a eu d'ores et déjà refus d'exécuter. Dans le premier cas, elle n'a rien que de naturel, qu'il s'agisse de retard passé ou même de retard futur, lorsqu'on a des éléments d'appréciation suffisants pour évaluer le préjudice passé ou à venir et qu'elle est définitive. Dans le second, on comprendrait plutôt une condamnation à une somme d'argent unique qui serait l'équivalent de tout le dommage. Il est cependant des hypothèses où, même lorsque le débiteur refuse d'exécuter on fait pressentir l'inexécution dans l'avenir, on ne peut procéder autrement que par une condamnation à des dommages-intérêts fractionnés. C'est, dans certains cas d'obligations de faire (obligation de fournir de l'eau à un tiers en cas de sécheresse seulement [1]) ou de ne pas faire (obligation de ne pas exercer un métier [2]) lorsqu'on ne peut à l'avance, aussitôt après le premier acte d'inexécution, estimer d'une manière précise le tort qui en résultera en définitive pour le créancier, lorsqu'il n'est pas possible d'évaluer le préjudice total parce qu'il sera la suite d'inexécutions successives et irrégulières dont on ne connaît pas encore le nombre. La Cour de Montpellier [3] a fait une saine application de ces principes en modifiant un jugement du Tribunal de Béziers qui condamnait un individu à des dommages-intérêts fixés en bloc au cas où, malgré la défense de la justice, il affecterait un four au service des habitants d'une commune. La Cour, jugeant avec raison qu'on ne pouvait a priori fixer le quantum définitif de la réparation due éventuellement, prononça une condamnation à une somme d'argent par chaque nouvelle contravention qui se produirait dans l'avenir [4].

---

[1] Bordeaux, 20 Mai 1887, (S. 90, 2, 91.)

[2] Montpellier, 30 Avril 1849. (D. 49, 2, 126.)

[3] D. 49, 2, 126.

[4] V. Aussi dans ce sens un Arrêt tout récent de la Cour de Paris, du 21 Avril 1896. La Cour, défendant à M. Coquelin aîné de jouer sur un théâtre de Paris ou de province, le condamne en même temps à payer à la Comédie Française une somme de 500 francs pour chaque représentation qu'il donnera malgré cette défense. Le dommage résultant de l'inexécution future par M. Coquelin ne pouvait en effet être apprécié en bloc, le nombre total des infractions de l'artiste n'étant pas connu à l'avance.

Nous laisserons de côté les exemples de ce genre où les dommages-intérêts sont calculés par jour de retard, ou plutôt par jour d'inexécution [1], parce qu'ils ne comportent pas d'autre moyen d'évaluation. Mais la jurisprudence emploie le même procédé dans un but de contrainte, alors que le débiteur refuse d'exécuter et que le dommage serait appréciable en bloc. La condamnation à tant par jour de retard est alors le signe à peu près infaillible auquel on peut reconnaître le caractère d'astreinte comminatoire attaché aux dommages-intérêts. Un seul Arrêt, à notre connaissance, du 22 Novembre 1841 [2], modifiant un jugement rendu en 1811, attribue à la condamnation à une somme unique la fonction de moyen de contrainte. Ce serait là une raison spéciale [3] de croire que les juges de 1841 ont mal interprété la pensée de ceux de 1811 en estimant que ces derniers avaient voulu donner à leur sentence un caractère coercitif. A part cette exception, dans tous les Arrêts qui appliquent le système des astreintes on constate l'allocation de dommages-intérêts par jour de retard, même lorsque l'inexécution est manifeste, le débiteur refusant formellement d'exécuter, aussi bien dans l'avenir qu'à l'heure présente.

L'assimilation du refus au retard est nettement établie par une série de décisions qui ne laissent subsister

---

[1] La distinction est faite par M. Massin, Thèse de doctorat, Paris, 1893.

[2] S. 42, 1, 170.

[3] A ajouter à celles qui seront données plus tard.

aucun doute à ce sujet. Un Arrêt de la Cour de Cassation [1] adopte les motifs de la Cour d'Angers ainsi conçus :
« Considérant que la dame Perrault a le droit d'obtenir,
à raison du refus de son mari d'exécuter l'Arrêt du
1er Mars 1855 en ce qui touche la remise des enfants,
des dommages-intérêts *fixés par chaque jour de retard.* » La Cour de Montpellier [2], « pour le cas où la
Compagnie *persisterait dans son refus,* la condamne
à payer 50 francs par jour de retard. » La Cour de
Cassation [3] « déclare qu'elle ne pouvait chercher une
sanction que dans des dommages-intérêts (dans l'espèce *100 francs par jour de retard*) prononcés contre
Burel pour le cas où il *persisterait à refuser* d'obéir
aux ordres de la justice. » Enfin la Cour de Paris,
13 Février 1877 (D. 78, 2, 125), dans l'Affaire de
Beauffremont, prononce une condamnation à 500 fr.
par jour de retard après avoir constaté « la résistance
de la Princesse » et en se fondant sur les motifs suivants
du Tribunal de la Seine : « attendu que la Princesse de
Beauffremont *déclare hautement qu'elle ne se dessai-
sira* pas de ses deux filles. » Un Arrêt de la Cour de
Cassation [4] semble bien repousser la condamnation à
des dommages-intérêts par jour de retard au cas de
refus d'exécution [5]. Mais il ne détruit en aucune sorte
la règle appliquée par les nombreuses décisions qui

---

[1] Cassat., 25 Mars 1857, S. 57, 1, 267.

[2] Montpellier, 1er Avril 1862, S. 62, 2, 335.

[3] Cassat., 4 Avril 1865, S. 65, 1, 257.

[4] Cassat., 26 Juillet 1854, S. 55, 1, 33.

[5] Cet Arrêt sera examiné plus loin en détail.

précèdent, car il vise précisément une hypothèse où il n'est nullement question de contraindre le débiteur : on veut seulement lui faire réparer le préjudice causé par son retard. Cet Arrêt rejetant, pour un motif ou pour un autre, l'emploi de la contrainte (par des dommages-intérêts exagérés) n'admet pas davantage le procédé par lequel elle se traduit (la condamnation à tant par jour de retard).

Comment justifie-t-on cette assimilation du refus au retard ? Certains tribunaux la consacrent, sans en donner la moindre explication. D'autres se contentent d'invoquer une raison d'utilité et s'appuient en outre sur les pouvoirs du juge : « Attendu que la forme des dommages-intérêts peut être celle que les magistrats jugeront la plus convenable et la plus efficace en vue du but à atteindre. » (S. 65, 1, 257 et S. 57, 1, 267.) D'autres enfin se fondent sur ce que le préjudice qui résulte de l'inexécution se produit chaque jour. « L'inexécution se renouvelant jour par jour, il n'y a qu'une sanction correspondante qui puisse lui être efficacement appliquée. » (D. 78, 2, 125.) La raison serait excellente si un préjudice nouveau venait chaque jour s'ajouter à celui de la veille [1]. Mais, à part certains exemples « d'obligations successives », qui s'exécutent jour par jour, il n'est pas vrai de dire qu'à chaque jour d'inexécution correspond un nouveau dommage distinct ; c'est plutôt un seul et même dommage qui continue et pour la réparation duquel il n'est pas besoin d'indemnités multiples.

---

[1] *V.* Massin, p. 385.

Les dommages-intérêts par jour de retard ne sont
pas en général encourus immédiatement après le jugement constatant l'obligation du débiteur et son refus
d'exécuter. On lui accorde le plus souvent un délai
pendant lequel sa désobéissance restera impunie ; on
veut lui laisser le temps de réfléchir, de revenir à de
meilleurs sentiments. Ce délai varie suivant les cas. Il
est de 24 heures (S. 57, 1, 267), de 2 jours (S. 65, 1, 257),
de 3 jours (S. 65, 1, 84), de 15 jours (D. 78, 2,125)
à partir de la signification du jugement ou de l'Arrêt.

Le temps pendant lequel courent les dommages-
intérêts est parfois limité. Les tribunaux fixent un terme
« passé lequel il sera fait droit [1]. » Lorsque le terme
est expiré et que le moment est venu de « faire droit »
il arrive qu'une nouvelle décision intervient, confirmant
la première condamnation, la maintenant pour l'avenir,
l'augmentant même (Affaire de Beauffremont, portée de
500 francs à 1000 fr.) sans fixer, cette fois un nouveau
terme après lequel ou bien il sera fait droit de nouveau,
ou bien, le refus étant certain, le tribunal prononcera
une condamnation à une somme unique et définitive.
Mais, le plus souvent, la durée des dommages-intérêts
est illimitée, et c'est là un moyen excellent, en pratique
du moins, pour exercer sur le débiteur une contrainte
efficace, en lui infligeant une peine indéterminée dont
la gravité sera en raison directe de son obstination [2].

---

[1] D. 78, 2, 125 ; *id.* Cassat., 23 Juillet 1889, D. 91, 1, 31.

[2] Cassat., 24 Janvier 1865. S. 65, 1, 84 ; *id.* S. 65, 1, 257 ;
id. S. 57, 1, 267.

Dans la presque totalité des exemples d'astreintes, c'est le jugement ou l'Arrêt ordonnant l'exécution qui condamne en même temps le débiteur à des dommages-intérêts par jour de retard, en prévision du cas où il désobéirait à l'ordre de la justice. Plus rarement [1] une deuxième décision intervient pour édicter la sanction qu'une première, se bornant à donner un ordre, n'avait pas organisée [2].

Il a été jugé en outre (S. 57, 1, 267) que le refus du débiteur constituant une difficulté d'exécution, il appartenait au tribunal même qui avait prescrit l'exécution de prononcer des dommages-intérêts contre le débiteur récalcitrant. Dans l'espèce, une Cour d'Appel avait ordonné à un père la remise des enfants entre les mains de la mère ; cette même juridiction, pour vaincre la résistance du père fut autorisée par la Cour de Cassation à le condamner à des dommages-intérêts, sans que l'on pût objecter que c'était là une demande nouvelle et que l'on faisait échec à l'Art. 464 du Code de procédure civile.

---

[1] *V.* Cependant S. 57, 1, 267 et S. 42, 1, 170.

[2] Un Arrêt ancien de Cassation (20 Juillet 1812. Dal., Répert. V° Peine, N° 118 et Note) décidait même que les tribunaux ne peuvent à peine de cassation se borner à ordonner l'exécution de la chose promise sans ajouter pour le cas de refus ou de retard une condamnation pécuniaire.

CHAPITRE II

BUT : LA CONTRAINTE

SOMMAIRE : Motif des Arrêts; — Manque de proportion entre le préjudice et le taux des dommages; — On prend en considération des éléments étrangers à la réparation.

Telles sont les pratiques nouvelles que la jurisprudence a créées et qu'elle affirme tous les jours davantage. Son but, nous l'avons déjà dit, est de contraindre le débiteur à l'exécution en nature; et l'on aurait mauvaise grâce à le contester en présence des motifs si explicites de certaines décisions. La Cour de Montpellier en 1861 s'exprimait ainsi : « Attendu que la fixation des dommages-intérêts à tant par jour de retard n'est pas une exacte appréciation du préjudice souffert, mais bien plutôt un moyen de contrainte destiné à triompher de résistances obstinées et injustes. » (S. 62, 2, 335.) La Cour de Cassation (S. 57, 1, 267) parle de « résistance illégale du débiteur qu'il faut vaincre » et « d'astreinte de 20 francs par chaque jour de retard. » (D. 91, 1, 31.) La Cour de Bordeaux [1] fait de la condamnation « un moyen coercitif. » La Cour d'Angers (S. 57, 1, 267) pense qu'il faut accorder des dommages-intérêts « comme

---

[1] Bordeaux, 5 Mai 1870, D. 70, 2, 208.

moyen d'obtenir l'exécution de la condamnation ». En présence de pareilles affirmations le doute n'est pas permis.

D'ailleurs, même lorsque les jugements sont muets sur la question de contrainte, il est facile de l'y découvrir ; elle se révèle d'une manière évidente par la disproportion qui existe entre le préjudice à réparer et les dommages alloués. Quelquefois les motifs des Arrêts donnent à la condamnation le double caractère de réparation et de contrainte. Ainsi l'Arrêt de 1857, cité plus haut, invoque d'abord « la réparation du préjudice » et plus loin dit « qu'il faut vaincre la résistance illégale du débiteur. » Mais cette double explication n'est pas faite pour nous tromper. La fonction d'équivalence entre en ligne de compte pour une bien faible part, et, s'il en est fait mention ne serait-ce pas peut-être pour donner à la condamnation critiquable en Droit un faux air de légalité? Dans l'esprit du juge, la fonction coercitive est en réalité, sinon la seule, du moins la plus importante. Et l'on peut s'en rendre compte en examinant l'espèce du procès. Il s'agit, tout comme dans la fameuse Affaire de Beauffrement [1], de l'obligation pour l'un des époux, — le mari dans l'espèce, — de restituer à l'autre les enfants communs, faute de quoi il est condamné à lui payer la somme de 100 francs par jour de retard.

---

[1] Cette affaire peut donner lieu aux mêmes remarques. On accorde *1,000 francs* de dommages-intérêts *au Prince* « eu égard au préjudice à réparer. » D. 78, 2, 125.

Supposons que la résistance du mari dure des années :
les dommages-intérêts vont monter à un chiffre énorme
et pour réparer quel préjudice? Le chagrin causé à la
mère par l'absence de ses enfants? Mais c'est là une
chose qu'il est bien difficile d'apprécier; et puis une
compensation en argent n'est-elle pas injurieuse pour
la mère? La mauvaise éducation donnée par le père
aux enfants? Mais alors pourquoi ne pas leur allouer
les dommages-intérêts à eux-mêmes (toutes réserves
faites sur le *quantum*), puisqu'ils sont les premiers
à en souffrir? C'est que, apparemment, le juge se
préoccupait avant tout de frapper l'imagination du
mari par une condamnation excessive, reléguant au
second plan la question de savoir à qui seraient attri-
bués les dommages-intérêts et sur quelles bases ils
seraient calculés.

S'il fallait une autre preuve de la fonction coercitive
des dommages-intérêts, nous la trouverions dans
l'examen des divers éléments qui contribuent à en
déterminer l'évaluation, des diverses considérations
qui influent sur la manière d'en fixer le montant.
L'Arrêt de 1878 calcule l'indemnité « en proportion
de l'importance des revenus saisis. » A quoi bon tenir
compte de la fortune du débiteur s'il n'est question
que de la réparation d'un préjudice susceptible d'évaluation en soi, abstraction faite de toutes circonstances
étrangères? Le tort causé au créancier ne sera pas
plus grave parce que le débiteur sera en possession
d'une grande fortune. Cette diversité dans l'estimation,
incompatible avec l'idée de réparation, s'accorde au

contraire fort bien avec l'idée de contrainte. Pour qu'une condamnation puisse affecter le débiteur et faire impression sur lui en vue de l'exécution, il faut qu'elle soit proportionnée à sa fortune ; il faut lui faire craindre une perte à laquelle il ne saurait rester insensible. C'est ce que font les tribunaux, c'est ce qu'ils ne feraient pas s'ils avaient seulement en vue la réparation du préjudice dont l'estimation est indépendante de la situation pécuniaire du débiteur.

Le but poursuivi par la jurisprudence étant la contrainte, il est facile de dégager les caractères du procédé dont elle se sert pour l'atteindre. Un moyen de contrainte, pour être efficace, doit constituer à la fois une menace et une peine. Pour obtenir du débiteur la prestation qu'il a promise, on lui fait craindre d'abord, en cas de refus, un mal plus grand que l'exécution ; puis, si l'essai d'intimidation reste sans effet, la répression ne doit pas se faire attendre. Une menace qui n'aurait pas de sanction manquerait inévitablement son but. Il importerait fort peu au débiteur de s'entendre condamner à une somme considérable si les précédents judiciaires lui donnaient la certitude qu'il ne la paierait jamais. La condamnation à des dommages-intérêts par jour de retard étant considérée comme un moyen de contrainte, elle doit donc présenter ces deux caractères : le caractère pénal et le caractère comminatoire.

CHAPITRE III

CARACTÈRE PÉNAL DE LA CONDAMNATION

SOMMAIRE : La condamnation à des dommages-intérêts constitue
une peine quand le taux est supérieur au préjudice matériel. — Motifs des Arrêts. — Théorie de M. Labbé. — Aggravation croissante
du taux des dommages-intérêts.

Une condamnation à des dommages-intérêts cesse
d'être une réparation pour devenir une peine, si le
quantum n'est pas proportionné au préjudice souffert.
Le caractère pénal se manifeste donc par une estimation excessive ; et l'estimation sera, croyons-nous,
excessive, lorsqu'elle dépassera la valeur des intérêts
pécuniaires en jeu, lorsqu'elle s'étendra au préjudice
moral. La jurisprudence qui, au commencement du
siècle, semblait vouloir suivre les traditions de modération de l'ancien Droit a varié dans la suite. Un Arrêt
de la Cour de Metz [1] décidait qu'un fils dont la mère
avait été assassinée n'avait pas droit à des dommages-
intérêts, parce que la victime vivait de la charité publique, et que par suite il n'avait éprouvé aucun préjudice
pécuniaire. Récemment encore, la Cour de Douai, par
deux Arrêts consécutifs [2], abondait dans le même sens.
Mais, en sens contraire, on peut invoquer un Arrêt de
1834 (S. 34, 2, 40) aux termes duquel l'inexécution

---

[1] Dalloz. Rép. Obligations, N° 778.
[2] 7 Juillet 92, S. 94, 2, 20 et S. 94, 2, 22. (28 Décembre 92.)

d'une promesse de mariage [1] peut donner lieu à des dommages-intérêts, eu égard à l'atteinte portée à la réputation, abstraction faite du préjudice matériel qui pourrait en résulter [2].

En outre, les Arrêts qui confirment la théorie des astreintes nous donnent de nombreux exemples à l'appui de la thèse qu'il faut prendre en considération l'intérêt moral dans l'évaluation des dommages-intérêts. Celui

---

[1] En Angleterre, l'inexécution d'une promesse de mariage entraîne toujours, quand elle n'est pas justifiée, une condamnation à des dommages-intérêts.

[2] Dans ce sens un Arrêt de la Cour de Besançon du 6 Juillet 1892 (S. 94, 2, 261) qui, tenant compte d'un simple sentiment d'affection, accorde des dommages-intérêts à la mère d'un enfant naturel victime d'un accident. Nous confondons les cas où une indemnité est accordée au civil avec ceux où elle est la suite d'une condamnation pénale, car dans les uns comme dans les autres il est toujours question d'un préjudice moral, atteinte à l'honneur ou à l'affection.

Aujourd'hui la Cour de Cassation semble fixée sur ce point. Elle a eu l'occasion de se prononcer dernièrement, au mois de Décembre 1895. La Cour d'Assises de la Haute-Garonne, dans une affaire de fraudes électorales qui fit grand bruit, eut à examiner le point de savoir s'il fallait accorder des dommages-intérêts aux deux candidats qui avaient échoué et qui voyaient dans lesdites fraudes la raison de leur échec. La Cour, estimant qu'en l'absence de préjudice matériel il n'y avait pas lieu à dommages-intérêts, les déboutait de leur demande. Cette partie de l'Arrêt fut réformée, la Cour de Cassation étant d'avis qu'un préjudice moral est suffisant pour servir de fondement à une réclamation en dommages-intérêts.

qui concerne l'Affaire de Beauffremont, pour ne citer que le plus célèbre, condamnait la Princesse à payer au demandeur la somme de 1,000 francs de dommages-intérêts par jour de retard, faute par elle de se dessaisir de ses deux filles. Il est inutile d'insister pour démontrer qu'une somme aussi élevée, « accordée eu égard au préjudice à réparer » ne pouvait guère, dans l'esprit des juges, représenter qu'un préjudice moral, le chagrin causé à un père par l'absence de ses enfants ; ou plutôt elle ne représentait, exclusivement du moins, aucun préjudice ; mais elle était un moyen de contrainte et une peine.

Que les dommages-intérêts excessifs soient considérés par la jurisprudence comme un moyen de contrainte, ou bien qu'on veuille les expliquer par la réparation du préjudice moral, peu nous importe. Ils n'en constituent pas moins dans les deux cas une peine, puisqu'é dans les deux cas ils ne sont pas exactement l'équivalent du préjudice réel, « du dommage effectif[1]. »

D'ailleurs les juges ne se font pas faute quelquefois d'employer des termes qui ne laissent aucun doute sur leurs intentions et qui écartent toute idée de réparation, en prenant ce mot dans un sens aussi large que l'on voudra. Un Arrêt de la Cour de Douai qualifie les dommages-intérêts de « *peine* encourue pour désobéissance aux injonctions de la justice[2]. » Plus loin le juge s'exprime ainsi : « le cas prévu ne

---

[1] *V.* p. 37 et ss.
[2] Douai, 5 Décembre 1849, D. 50, 2, 66.

s'étant pas réalisé, *la peine* n'est pas encourue. » La Cour de Montpellier (S. 62, 2, 335) prononce « qu'il appartient aux tribunaux d'examiner dans quelle mesure la décision sanctionnée par une *pénalité* a reçu son exécution. » La Cour de Cassation [1] décide « qu'il faut *punir* le débiteur du retard volontaire. » Quelquefois les tribunaux sont moins affirmatifs, mais ils n'en laissent pas moins deviner sans aucune difficulté leurs intentions. Un Arrêt du 29 Janvier 1834 (S. 34, 1, 129) prononce une condamnation à des dommages-intérêts par jour de retard tout en reconnaissant que le retard dans l'exécution ne donne lieu à aucun préjudice. Une somme d'argent qui n'est l'équivalent d'aucun dommage est évidemment allouée dans un but de répression et de peine. L'Arrêt de Cassation cité plus haut (S. 35, 1, 39) est encore plus significatif. Il confirme une sentence condamnant le débiteur à des dommages-intérêts par jour de retard jusqu'à l'exécution, et en outre pendant les 21 jours qui suivront l'exécution. Il ne peut y avoir aucun doute sur la nature de ces derniers : ils ne sauraient représenter un préjudice qui n'existe plus, puisque le créancier a reçu satisfaction : ils ne peuvent être qu'une peine encourue par le débiteur expiant ainsi sa désobéissance. Quant à la fixation de cette peine, elle semble bien arbitraire, car le chiffre de 21 jours ne s'imposait pas plutôt qu'un autre.

Ainsi les tribunaux infligent bien une peine au débi-

---

[1] Cassat., 4 Juin 1834, S. 35, 1, 39.

teur « dont la résistance est injuste. » Toute peine est
encourue à la suite d'un délit ; le délit dans l'espèce est
la désobéissance aux ordres du juge : « le juge qui a
fait la défense peut être appelé à examiner s'il y a eu
ou non désobéissance à ses ordres et décider que, le
cas prévu ne s'étant pas réalisé, la peine n'est pas
encourue. » (D. 50, 2, 66.) Et les tribunaux logiques
avec eux-mêmes suivent les règles de la condamnation
à une peine en matière délictuelle. Il est tenu compte
de l'intention de l'agent ; après avoir constaté l'inexécution, on examine s'il y a eu de sa part dol, faute
lourde, faute légère ou bien encore s'il n'a rien à se
reprocher ; la matérialité des faits n'est pas seule en
jeu : elle se complique d'une question de culpabilité.
La peine prononcée par un premier jugement peut être
réduite par un second, s'il est prouvé que le débiteur
quoique n'ayant pas obéi à l'ordre du tribunal, a fait
cependant tous ses efforts pour s'y conformer [1]. Elle
peut encore être effacée complètement pour ne laisser
subsister que la simple réparation du préjudice matériel. (S. 62, 2, 335.)

M. Labbé [2], dans le but de justifier le système de la
jurisprudence, a prétendu que la condamnation à des
dommages-intérêts par jour de retard ne comportait
nullement l'idée de peine et que, sur ce point du moins,
elle était à l'abri de toute critique. Et d'abord il faut,

---

[1] Nous examinerons plus loin ce point.

[2] Revue pratique, année 1882. « Encore l'Affaire de Beauffremont. »

dit-il, écarter certains Arrêts de Cours d'Appel qui attribuent manifestement aux dommages-intérêts le caractère pénal en cas d'inexécution d'obligations conventionnelles de restituer et de se dessaisir, et sur lesquels la Cour de Cassation n'a pas eu l'occasion de donner son avis. Mais, en cherchant bien, on trouverait des Arrêts de Cassation qui considèrent les dommages-intérêts comme un moyen de contrainte pour sanctionner, par exemple, une obligation de remise de pièces [1] ou une obligation de délaisser un immeuble et de faire les réparations nécessaires. (S. 35, 1, 39.)

Écartons toutefois ces Arrêts; il en restera toujours d'autres où nous trouverons l'idée de peine. M. Labbé soutient au contraire que la jurisprudence a voulu uniquement la réparation du préjudice causé au créancier. Les motifs des jugements, dit-il, en font foi incontestablement. Une partie de l'Arrêt concernant l'Affaire de Beauffremont est ainsi conçue : « Il est du droit et du devoir de la justice de prendre les dispositions que la loi autorise, soit pour vaincre la résistance du débiteur, soit pour indemniser autant que possible le mari du préjudice qui lui serait causé... Il convient de proportionner la sanction à la résistance qu'il s'agit de vaincre et au dommage à réparer. » Ne voit-on pas dans ces motifs l'intention bien formelle de réparer un préjudice? Sans doute, mais à côté on voit aussi clairement le désir de contraindre. Pour quelle part ces deux mobiles vont-ils intervenir dans

---

[1] S. 42, 1, 170 ; S., 65, 1, 84.

la décision du juge ? A notre avis, c'est le second qui
l'emportera, car du moment où il entre en jeu, il exclut
nécessairement le premier, ou plutôt il le relègue au
dernier plan, il l'efface. Si l'on évalue les dommages-
intérêts de telle manière qu'ils soient une menace
pour le débiteur, — et ceci est reconnu dans l'Arrêt,
— il faut fatalement qu'ils dépassent le préjudice
causé, qu'ils soient plus qu'une réparation, sinon
la menace n'existerait pas. Par cela seul que l'on
proportionne la sanction « à la résistance qu'il s'agit
de vaincre, » on ne peut la proportionner « au dommage à réparer, » puisque dans le premier cas elle
sera évidemment plus rigoureuse que dans le second.
N'y a-t-il pas une contradiction flagrante dans ce
rapprochement de deux caractères incompatibles, le
caractère coercitif et le caractère réparateur, et les
deux mots de contrainte et de réparation ne jurent-ils
pas d'être ainsi mis de pair ? La Cour de Bruxelles [1],
précisément au sujet de cette Affaire de Beauffremont,
s'exprimait en ces termes : « Dans la condamnation,
le dommage éprouvé figure très accessoirement. » Que
l'on compare la somme accordée au préjudice subi [2],
y compris même, si l'on veut, le préjudice moral [3].

---

[1] Cassat. Belgique, 19 Janvier 82. D. 82, 2, 81.

[2] Il est question, bien entendu, du préjudice subi par le
Prince demandeur, et non par les enfants.

[3] Nous faisons, exceptionnellement, cetteconcession parce
que la jurisprudence belge que nous mentionnons ici admet
la réparation du préjudice moral, tout en rejetant l'emploi
des astreintes.

La première est énorme ; le second est insignifiant si l'on considère la conduite du Prince, si on se rend compte « de l'abstention consacrée par la justice de demander pour lui-même la garde de ses enfants [1] et du défaut de sa part pendant un très long temps de toute tentative pour les voir, alors qu'on lui en offrait les moyens. »

Pour déterminer, objecte M. Labbé, le vrai caractère donné par la jurisprudence aux dommages-intérêts, il faut se placer au point de vue du créancier. Or, ils ne sont pour lui que la simple compensation du tort qu'il a souffert, compensation qui souvent même sera insuffisante, le préjudice subi étant inappréciable. Peu importe alors que le débiteur se considère comme contraint ; il ne peut être question de peine car le créancier ne s'enrichira pas du fait de la condamnation à des dommages-intérêts, et, pour qu'il y ait peine, il faut, outre un appauvrissement du débiteur, une augmentation du patrimoine du créancier : ce second élément fait défaut. — Oui, si l'on admet la réparation pécuniaire du préjudice moral ; dans ce cas, il est vrai que l'indemnité accordée par les tribunaux sera le plus souvent [2] au-dessous du dommage éprouvé ; mais nous croyons, au contraire, que, seuls, les intérêts pécuniaires doivent être sauvegardés par des condamnations pécu-

---

[1] Le Prince avait demandé que les jeunes Princesses fussent enfermées au Couvent du Sacré-Cœur à Paris jusqu'à l'âge de 21 ans.

[2] Non pas toutefois dans l'espèce de Beauffremont.

niaires, parce que seuls ils sont estimables en argent, seuls ils peuvent fournir une base certaine d'appréciation. Vouloir réparer le tort moral au moyen de dommages-intérêts, c'est vouloir payer un bien qui n'a pas de valeur, au sens commercial du mot, et c'est aussi, à cause de l'impossibilité d'une estimation fixe et invariable dans tous les cas, courir le risque de l'arbitraire. Par suite, lorsque la condamnation sera supérieure au préjudice matériel il y aura non plus réparation mais peine.

Enfin, en se plaçant au point de vue du débiteur lui-même, on prétend que le moyen de contrainte organisé contre lui par la jurisprudence ne constitue pas une peine. Il a le choix entre l'exécution et le paiement des dommages-intérêts. S'il ne veut pas opter pour le premier de ces deux partis, c'est que le second ne l'effraie pas, c'est qu'il ne le regarde pas comme une répression pénale. — Nous répondrons que pour qu'une mesure ait le caractère de peine il n'est pas absolument nécessaire qu'elle soit de nature à impressionner toujours et d'une manière efficace celui qui en est l'objet. Ainsi nous avons tous le choix entre les deux côtés de l'alternative suivante : ou bien respecter la propriété d'autrui, ne pas voler, ou bien nous exposer à la privation de la liberté : de ce que je n'aurai pas voulu choisir le premier, en résultera-t-il que le second ne sera pas pour moi une peine, sous prétexte que je l'ai volontairement choisi et qu'il dépendait de moi de l'éviter en optant pour le second ? Nous croyons plutôt que, pour apprécier sûrement le caractère pénal des dommages-intérêts, il faut en examiner le taux. S'il dépasse le préjudice matériel causé, il y a appauvrissement du débiteur et enrichissement du créancier, il y a peine.

Pour nous résumer, le caractère pénal de la condamnation à des dommages-intérêts par jour de retard est certain, quand on en fait un moyen de contrainte. Nous en avons pour preuve le texte même des Arrêts, l'exagération du taux de l'indemnité, la prise en considération de la culpabilité du débiteur ; du reste, c'est là une conséquence naturelle du caractère coercitif qui, lui, n'est mis en doute par personne.

L'aggravation du *quantum* qui constitue la peine était, à l'origine, presque insensible : le souvenir des traditions de l'ancien Droit n'était pas complètement effacé [1]. De plus, la théorie des astreintes ne faisait encore que prendre pied et l'on n'est pas étonné de constater à cette époque ce que l'on pourrait appeler les timidités des premiers débuts. Plus tard, l'exagération de la peine s'accrut dans des proportions considérables, à mesure que le système de la jurisprudence s'accentuait par de nombreux Arrêts. D'ailleurs le caractère comminatoire des pratiques nouvelles était bien fait pour mettre en repos la conscience des juges qui auraient pu se montrer inquiets de la situation rigoureuse faite au débiteur : qu'importait la gravité de la condamnation qu'on lui infligeait, puisqu'il dépendait de sa volonté d'en annuler les effets ? Plus grande

---

[1] *V.* Arrêts de 1825 et de 1835. S. 25, 1, 165 ; — S. 35, 1, 39.

était la peine dont on le menaçait, plus efficace était le moyen de contrainte. Et c'est ainsi que l'on est arrivé, dans des procès dont l'Affaire de Beauffremont est l'exemple le plus saisissant, à consommer la ruine d'un débiteur [1], malgré son immense fortune, grâce à des condamnations à une somme fantastique de dommages-intérêts par jour de retard encourus pendant un délai indéterminé.

CHAPITRE IV

CARACTÈRE COMMINATOIRE DE LA CONDAMNATION

SOMMAIRE : Il résulte du caractère coercitif, — et aussi du caractère pénal. Dans quel cas la condamnation est-elle comminatoire ? — Historique du système. — Dans l'ancien Droit, *liefs de comminatoire;* — après la rédaction du Code, théorie du *délai comminatoire ;* — enfin *théorie du taux comminatoire,* — origine et formation; — Trois phases distinctes. — Conditions pour que le 1er jugement soit révisé : considération du préjudice définitif; — bonne volonté du débiteur; — force majeure. — Comment se fait la révision du jugement; — sentences arbitrales.

La peine résulte, nous l'avons vu, de l'exagération du taux des dommages-intérêts. La menace résultera de la possibilité pour le juge soit d'effacer la peine,

---

[1] Si la Princesse de Beauffremont a pu conserver quelques débris d'une fortune considérable, c'est parce que les biens qu'elle possédait en Belgique ont échappé à la saisie du Prince de Beauffremont, les tribunaux belges ayant refusé de laisser exécuter sur le territoire belge un jugement des tribunaux français qu'ils considéraient comme illégal.

s'il est prouvé dans la suite que le débiteur n'est pas coupable et ne doit pas l'encourir, soit de la réduire si le débiteur, tout en étant coupable, peut invoquer à son profit le bénéfice de circonstances atténuantes, soit enfin de la maintenir, si rien ne plaide en sa faveur. Dans les deux premiers cas, la condamnation n'aura été que provisoire, elle pourra être modifiée ou supprimée par une deuxième décision de justice.

Le caractère comminatoire découle tout naturellement, comme le caractère pénal, de la fonction coercitive attribuée par la jurisprudence aux dommages-intérêts. Pour vaincre la résistance du débiteur, on lui fait craindre une peine pour l'avenir. Mais, dans l'esprit du juge, cette peine n'est qu'une sorte d'épouvantail, et il espère bien qu'elle ne sera jamais appliquée, qu'elle restera, en définitive, à l'état de menace. On a voulu seulement intimider le débiteur, l'amener à fournir l'exécution en nature de son engagement; le jour où il obéira aux injonctions du tribunal, il sera nécessaire d'examiner si les dommages-intérêts, que l'on avait majorés dans un but de contrainte, ne doivent pas être diminués, si, la contrainte ayant produit son effet, la condamnation exagérée a toujours sa raison d'être ou bien doit subir une atténuation équitable. Du reste, pour justifier une révision du premier jugement, il n'est pas indispensable que le débiteur exécute son obligation. L'inexécution persistant par suite de circonstances indépendantes de sa volonté, il invoquera sa bonne foi pour demander que la condamnation qui le frappait provisoirement soit écartée par une nouvelle décision du tribunal. Dans un cas comme dans l'autre, que le débiteur obéisse après un certain temps aux prescriptions du juge, ou qu'il prolonge indéfiniment sa résistance, au moment où le créancier sollicitera l'exécution du jugement qui a consacré son droit et condamné l'adversaire au paiement d'une somme d'argent, on se préoccupera de savoir « si la résistance a été ou non injuste. » (S. 62, 2, 335.)

Le caractère comminatoire est aussi une conséquence du caractère pénal. En effet, une décision qui emporte pour une personne une peine éventuelle ne sortira son effet que si cette personne est reconnue coupable dans la suite. Elle peut être comparée aux textes des lois criminelles qui sont toujours conçus sous une forme conditionnelle : si un individu fait tel acte défendu, il sera passible d'une certaine peine. Pour que le texte soit appliqué, pour que la décision soit exécutée, il faut savoir si, à une époque postérieure, l'individu visé par eux tombe sous le coup de leurs dispositions, remplit les conditions d'application qu'ils exigent. Un premier jugement frappe le débiteur éventuellement, il ne tient qu'à lui de s'y soustraire ; au moment où la sentence est prononcée, elle ne peut pas l'être irrévocablement, mais seulement à titre comminatoire, car les événements, les circonstances qui pourraient la rendre définitive ne sont pas encore connus, ne le seront que dans l'avenir.

Il est à peine utile d'appuyer l'existence du caractère comminatoire des dommages-intérêts sur des citations de jurisprudence, car il n'est pas contesté. La Cour de Cassation, dès 1824, déclare « que le premier jugement n'a pas déterminé d'une manière positive et invariable la quotité des dommages-intérêts, et que la fixation par lui faite n'est que provisoire et par présomption du préjudice qui pourrait résulter en définitif du retard dans l'exécution [1]. » Les motifs de la Cour de Douai ne sont pas moins probants. « Attendu que la disposition d'un jugement qui punit pour l'avenir d'une peine l'infraction à une prohibition qu'il prononce n'a ni le caractère ni les effets d'une condamnation définitive et irrévocable. » (D. 50, 2, 66.) Enfin la Cour de Bordeaux s'exprime en ces termes : « Ces décisions (allouant des dommages-intérêts par jour de retard) ont un caractère essentiellement comminatoire qui permet de les modifier suivant les circonstances. » (D. 70, 2, 208.)

A propos de ce caractère comminatoire, nous nous poserons trois questions : 1° Suivant quelle distinction pourra-t-on affirmer que la condamnation à des dommages-intérêts par jour de retard est comminatoire ou bien définitive? 2° A quelles conditions le premier jugement déclaré comminatoire fera-t-il place à un second qui en modifiera les dispositions par trop rigoureuses? 3° Enfin dans quel sens et sous quelles formes se produiront les modifications?

1° La condamnation à des dommages-intérêts par jour de retard n'est pas toujours comminatoire, elle est parfois irrévocable et ne peut alors être rectifiée par un nouveau jugement. Quel sera le critérium d'après lequel

---

[1] Cassat., 28 Décembre 1824, S. 25, 1, 165.

on assignera à une sentence tel ou tel caractère ? Sur-
quelles données devra-t-on s'appuyer pour affirmer
qu'elle est définitive ou bien qu'elle est susceptible
d'une modification ? La jurisprudence de la Cour de
Cassation est aujourd'hui fixée sur ce point, mais elle
a varié plusieurs fois dans le cours du siècle. L'historique de la théorie des astreintes est, à peu de chose
près, le résumé de ces variations dans l'attribution du
caractère comminatoire, car, d'un côté, la fonction pénale qui s'était manifestée au début par l'exagération
du taux des dommages-intérêts s'affirma dans la suite
sous la même forme, sans jamais présenter d'autre
particularité nouvelle que l'aggravation croissante du
chiffre de l'indemnité ; et, d'un autre côté, le procédé
de la condamnation à tant par jour de retard n'a jamais
changé. Nous étudierons donc à cette place l'histoire
du système des astreintes comminatoires.

Historique du système. — L'ancien Droit nous
fournit des exemples de jugements comminatoires tirés
de la jurisprudence des Parlements de Bretagne. Un
Arrêt du 13 Juillet 1740 (*Journal du Parlement de
Bretagne,* t. III, ch. 50, p. 250) décidait que « lorsqu'un jugement ne déclare héritier pur et simple que
faute d'avoir mis au procès les pièces qui établissent la
qualité d'héritier bénéficiaire, on ne peut pas en espérer
la réformation en produisant les pièces dans l'instance
d'appel, et la sentence doit être confirmée, sauf à lever
le comminatoire dans la juridiction où elle a été rendue. »
Un premier jugement avait été prononcé « en forme comminatoire » déboutant le demandeur de sa prétention,

faute d'avoir produit certaines pièces au procès. Pendant 30 ans un deuxième jugement pouvait intervenir et, sur la production des pièces retrouvées, réformer le premier, alors même que les délais exigés pour qu'il eût force de chose jugée fussent expirés. Bien plus, le demandeur évincé en première instance ne pouvait se prévaloir de ses pièces pour obtenir gain de cause devant le tribunal d'appel : il fallait qu'il introduisît une nouvelle action, l'action « en lief de comminatoire » devant la juridiction qui avait prononcé la première sentence.

Cette jurisprudence fut attaquée dès son apparition par d'Aguesseau [1] et, plus tard, par Merlin. (V° Succession, p. 675.) Le savant jurisconsulte faisait remarquer qu'elle était contraire aux lois romaines [2], — qui admettaient bien dans un cas analogue la *restitutio in integrum* au profit de l'État mais jamais au profit de simples particuliers, — à la jurisprudence générale du royaume et à l'Ordonnance de 1667 (Art. 34, titre 35) [3]. La Cour de Cassation, de son côté, condamnait à plusieurs reprises le procédé du lief comminatoire : avant la rédaction du Code, par un Arrêt du 11 Thermidor an VIII; après, par un Arrêt du 28 Juin 1808 [4] décidant « qu'un jugement qui avait annulé une donation ancienne pour défaut d'insinuation devait

---

[1] D'Aguesseau. Œuvres, t. X, p. 373.

[2] Loi 4 au Code de *re judicata*

[3] *V.* Toullier. *Le Droit civil français*, Nos 121 et 122, t. X.

[4] Dall. Répert. Chose jugée, N° 381 et ss.

conserver toute sa force, bien qu'on rapportât des pièces
nouvellement découvertes, d'où résultait la preuve que
l'insinuation avait eu lieu. » Malgré tout, la Cour
de Rennes, héritière fidèle des traditions de l'ancien
Parlement de Bretagne, conserva, même après la
promulgation du Code civil, l'usage des liefs de comminatoire [1]. Elle finit cependant par abandonner ces
pratiques locales pour se rattacher à la jurisprudence
contraire communément admise. Ce changement résulte
de deux Arrêts, l'un du 2 Mars 1818, l'autre du 22 Janvier 1821.

La Cour de Cassation en 1808, niant la validité des
liefs de comminatoire qui faisaient échec, en faveur du
créancier, au principe de l'autorité de la chose jugée,
consacrait le caractère définitif de tout jugement qui
n'était plus susceptible de recours. En 1809, au contraire,
elle admettait que l'on négligeât, en faveur du débiteur,
la disposition d'une sentence parfaitement irrévocable.
Elle avait refusé au demandeur déjà évincé l'autorisation de prouver après coup son bon droit : elle
accordait au défendeur, au mépris du délai fixé par
un jugement antérieur devenu définitif, la faculté de
réaliser l'exécution en nature de son obligation. Le
caractère comminatoire qu'elle n'avait pas voulu reconnaître à certains jugements, elle le reconnaissait à
certains autres. Ne faut-il pas voir dans ce changement
l'influence exercée par l'ancienne jurisprudence bre-
tonne des liefs de comminatoire, qui, au moment de

---

[1] Rennes, 5 Fév. 1812 et 26 Fév. 1816. Dalloz, *loc. cit.*

disparaître, aurait laissé dans la jurisprudence géné-
nérale française une trace de son existence ; et la Cour
de Rennes, tout en se soumettant sur un point[1] à la
règle établie par la Cour de Cassation, ne lui aurait-
elle pas, sur un autre point analogue, sinon imposé, du
moins fait partager insensiblement sa manière d'agir ?
La Cour de Cassation a bien pu emprunter à la Cour
de Rennes le principe des jugements comminatoires
et en faire une application tout-à-fait différente, dans
l'intérêt non plus du demandeur mais du défendeur.
Et, au point de vue exclusif de l'équité, elle avait
quelque raison de mieux traiter un débiteur en retard,
mais plein de bonne volonté, qu'un créancier téméraire
qui était en faute d'avoir engagé un procès à la légère,
sans être pourvu des pièces indispensables.

' En tout cas, une série d'Arrêts de la Cour suprême
proclame la théorie du délai comminatoire. Uu jugement ordonne au défendeur l'exécution d'un acte : s'il ne
la réalise pas dans un délai déterminé, il est condamné
à payer une somme d'argent, à titre de dommages-
intérêts. Le débiteur laisse écouler le délai, et plus tard
il s'offre à exécuter l'obligation : un deuxième jugement
le lui permettra, malgré l'opposition possible du créancier, sous prétexte que le premier n'avait fait qu'assigner
un délai comminatoire. Ainsi, une partie, condamnée
à des dommages-intérêts, si elle ne produit pas certains
actes au bout d'un temps limité, est déchargée de tout

---

[1] Sur l'abandon des liefs de comminatoire, Arrêts de 1818
et de 1821.

paiement, à condition qu'elle en effectue la production, même à une époque postérieure, « attendu que le délai n'était que comminatoire et qu'ainsi le débiteur a produit les actes désignés par le jugement, avant même que le demandeur en cassation eût formé contre lui une demande en déchéance [1]. » De même, dans une affaire de reddition de comptes [2] : « Considérant que toute condamnation prononcée à défaut de rendre un compte doit être réputée comme conditionnelle et comme résultat de la présomption que le comptable sera débiteur, en définitive, d'une somme égale à celle dont la condamnation est prononcée, mais que cette présomption cesse lorsque l'individu auquel est imposée l'obligation de rendre compte présente, même après l'expiration du délai préfixé, le compte par lui dû [3]. » Cependant la condamnation fut jugée définitive, une fois le délai expiré, par la Cour de Grenoble (24 Juin 1825), car le délai avait été fixé sous peine de forclusion.

Les partisans du délai comminatoire invoquaient plusieurs raisons à l'appui de leur thèse. Tout d'abord il est généralement admis que le juge, en condamnant une partie à l'exécution d'un acte, a le droit de lui accorder un certain délai, eu égard, par exemple, à la difficulté que présente l'acte. Ce que l'on veut avant

---

[1] Requêtes, 21 Juin 1809. Dalloz. *Rép. Chose jugée*, N°ᵒˢ 381 et ss.

[2] Paris, 30 Avril 1828, *id.*

[3] Dans le même sens, Rennes, 20 Janvier 1813 ; Cassation, *Req.* 22 Janvier 1812; Cassat.,*Req.*, 6 Novembre 1822; Cassat., 10 Juillet 1832. (Dalloz, *loc. cit.*)

tout, c'est l'exécution en nature, et on la facilite au débiteur par tous les moyens. Or, dire que l'expiration du délai emporte forclusion à l'encontre du débiteur en retard, c'est repousser précisément cette exécution en nature vers laquelle on tendait : une raison d'utilité pratique commande donc de ne considérer le délai que comme fixé à titre comminatoire. — En outre, il y a une raison d'équité : comment faire supporter au débiteur la charge quelquefois très lourde du paiement d'une somme d'argent, alors qu'il est prêt à faire ce qu'on lui a demandé et à satisfaire par là le créancier? N'est-il pas juste et conforme à l'intention des parties que le débiteur s'acquitte de sa dette par la prestation réelle de l'obligation plutôt que par un équivalent en argent ? — Enfin, il y a une raison de droit : les déchéances sont de droit étroit, elles ne peuvent être suppléées. Quand le juge fixe un délai pour l'exécution d'un engagement, en condamnant subsidiairement à des dommages-intérêts le débiteur récalcitrant, il ne prononce pas une sentence emportant forclusion, à moins que les termes mêmes du jugement ne soient bien explicites, comme dans l'Arrêt de Grenoble de 1825. Mais, si rien n'indique de la part du juge l'intention de faire encourir une déchéance au débiteur, si rien ne fait pressentir qu'il a voulu au bout d'un certain temps lui enlever la faculté d'exécuter en nature, la simple fixation d'un délai ne suffit pas pour entraîner une déchéance, et, même après l'expiration du délai, il pourra valablement réaliser son obligation et éviter ainsi la condamnation à des dommages-intérêts.

La théorie du délai comminatoire subsista dans la suite en jurisprudence, avec cependant de temps à autre quelques exceptions [1]. Et encore faut-il remarquer que les Arrêts qui déclaraient irrévocables les dispositions d'un premier jugement au sujet du délai se rapportent à des hypothèses où le débiteur inexécutant était, non pas condamné à des dommages-intérêts, mais, ou bien déchu d'un droit d'option, ou bien réduit à laisser accomplir par un autre et à ses frais les travaux qu'il n'avait pas effectués à temps. Cette jurisprudence du délai comminatoire, malgré tous les arguments invoqués en sa faveur, avait malheureusement le tort de faire échec au principe de l'autorité de la chose jugée.

Il était bon de rappeler ces deux théories anciennes, l'une antérieure, l'autre postérieure à la rédaction du Code civil, parce qu'elles reposent toutes les deux sur ce même caractère comminatoire qui est un des principaux éléments de la contrainte indirecte, objet de cette étude. Ce n'est pas qu'elles constituent des précédents sérieux à la pratique des astreintes, et que l'on puisse s'en réclamer pour la justifier : les astreintes, telles qu'elles existent, n'ont pas d'équivalent dans l'histoire; elles ont été créées par la jurisprudence suivant une forme toute nouvelle. Mais le procédé des liefs de comminatoire a bien pu ne pas être sans influence sur l'admission de la théorie voisine du délai

---

[1] Dans le sens du délai comminatoire : Bordeaux, 8 Janv. 1839. Contra, Metz. D. 56, 2, 130 ; Cass., D. 72, 1, 445.

comminatoire, et à celle-ci est bientôt venue se rattacher la théorie du taux comminatoire qui est celle de la jurisprudence actuelle.

Le trait d'union a été la condamnation à des dommages-intérêts par jour de retard venant se substituer à la condamnation à des dommages-intérêts en bloc [1]. Ce mode nouveau établissait une relation étroite entre le délai et le taux de l'indemnité [2]. Plus le délai qui s'écoule entre le jugement et l'exécution sera long, plus le montant de la réparation sera élevé ; et puisqu'on ne faisait aucune difficulté pour modifier la disposition du jugement concernant le délai, rien ne s'opposait à ce qu'il n'en fût pas de même pour le taux qui en dépendait directement. Cette assimilation, qui devait avoir des conséquences si graves, se fit pour la première fois en 1824. La Cour de Cassation (S. 25, 1, 167) consacra définitivement le caractère comminatoire des dommages-intérêts prononcés par jour de retard : « Attendu que la condamnation de 10 francs par chaque jour de retard dans la remise des pièces n'est essentiellement que présomptive et comminatoire. » Un deuxième jugement, aux termes de cet Arrêt, pouvait, sans porter atteinte à la chose jugée, réduire le chiffre des dommages-intérêts alloués par un jugement antérieur.

---

[1] Voir les Arrêts cités appliquant le principe du délai comminatoire, et où, faute d'exécution, le débiteur est condamné à payer une somme unique.

[2] *V.* Massin, p. 425.

Cependant cette jurisprudence, tout comme celle du délai comminatoire, avait exclusivement en vue l'intérêt du débiteur. Le créancier, lui, était bien un peu sacrifié, il faut le reconnaître, car le droit que lui conférait une sentence du juge sujette à modification ne lui était pas acquis définitivement, même après que tout recours était devenu impossible au débiteur, et, d'un autre côté, la modification qui intervenait dans la suite n'était jamais à son avantage : c'était une diminution du taux de l'indemnité. Si le débiteur voulait exécuter son obligation, il le pouvait à toute époque, malgré la fixation d'un délai qui n'emportait pas déchéance ; si, au contraire, il refusait d'exécuter, le créancier n'avait aucun moyen de le contraindre. Or, puisque la condamnation à des dommages-intérêts était révocable dans l'intérêt du débiteur, pourquoi ne l'aurait-on pas aggravée dans l'intérêt du créancier ? Les deux parties étaient de la sorte également protégées. C'est ce que fit la jurisprudence. Et le débiteur n'était, semblait-il, nullement autorisé à se plaindre, puisqu'il était le maître, pour ainsi dire, de son sort. Il n'avait qu'à exécuter pour faire disparaître une condamnation qu'il trouvait excessive et disproportionnée. S'il s'obstinait à ne pas obéir au tribunal, il était menacé de payer, à titre de peine, la différence qui existait entre le chiffre de la condamnation et le chiffre correspondant au dommage réel. Du jour où se manifesta le caractère comminatoire des dommages-intérêts par la possibilité d'en réduire le taux, le caractère pénal ne tarda pas à se traduire par une exagération du *quantum.* L'Arrêt de 1825, pour diminuer la quotité des dommages-intérêts fixée par un premier jugement, met en avant, comme prétexte, que la réparation doit être l'équivalent du préjudice causé. Donc les premiers juges avaient alloué une somme supérieure à la valeur du préjudice : il y avait eu majoration des dommages-intérêts. Insensible au début [1], elle devait prendre plus tard des proportions autrement graves. (Affaire de Beauffremont.)

La condamnation à des dommages-intérêts comminatoires avait dès lors un autre but. Il n'était plus question de permettre au débiteur l'exécution de son engagement, de la lui faciliter : on voulait le contraindre à fournir cette exécution. Elle visait non pas les débiteurs de bonne volonté, quoique en retard, mais bien les débiteurs récalcitrants et entêtés.

Les Arrêts qui depuis 1824 consacrent le caractère comminatoire des dommages-intérêts, peuvent être classés en trois catégories distinctes, d'après les trois phases qu'a traversées la jurisprudence. Les uns considèrent le premier jugement comme révocable sans réserve, ni exceptions, les autres seulement jusqu'à preuve contraire ; d'autres enfin admettent en faveur

---

[1] Voir les Arrêts de 1825 et de 1835. Pendant les premières années qui suivirent la rédaction du Code civil, on ne trouve pas de traces de dommages-intérêts exagérés. Toutefois ils furent employés de bonne heure, dès la période intermédiaire, comme moyen de contrainte indirecte, quand il s'agissait d'obtenir l'exécution d'une obligation légale.

de l'irrévocabilité une présomption qui d'ailleurs peut tomber devant les dispositions du jugement marquant l'intention contraire du premier juge. On ne saurait peut-être délimiter sûrement les trois phases au point de vue chronologique, mais elles n'en sont pas moins bien nettes dans l'histoire des astreintes.

Au début, la condamnation à des dommages-intérêts par jour de retard est susceptible dans tous les cas d'une révision postérieure : le jugement est forcément comminatoire. Une théorie pareille a le tort de faire échec au principe de la chose jugée d'une manière trop absolue, en ne tenant aucun compte des dispositions d'une sentence devenue irrévocable; mais en revanche elle a l'avantage de rassurer le débiteur sur l'exagération des dommages-intérêts en lui faisant toujours espérer pour l'avenir la possibilité d'une réduction [1]. Nous la trouvons confirmée dans plusieurs Arrêts. « La condamnation de 10 francs par jour de retard n'est *essentiellement* que présomptive et comminatoire. » (S. 25, 1, 167.) De même : « le tribunal est toujours le maître de modifier le taux des dommages-intérêts dûs pour le retard, en appréciant à sa juste valeur le dommage réel causé par ce retard [2]. » De même encore : « *la* disposition *d'un* jugement qui punit pour l'avenir d'une peine l'infraction à une prohibition qu'il prononce n'a ni le caractère ni les

---

[1] *V.* Meynial, p. 457.

[2] Nancy, 16 Août 1844 (Bignaud c. Arnaud). Dalloz, Rép., Chose jugée, Nº 386.

effets d'une condamnation définitive et irrévocable. »
(D. 50, 2, 66.) La généralité des termes de ce dernier
Arrêt ne laisse aucun doute sur la pensée de la Cour,
qui consacre encore une fois le caractère essentiellement comminatoire des dommages-intérêts.

On a dit [1] qu'en donnant ainsi au juge le droit de modifier dans tous les cas, la condamnation à des dommages-intérêts, de la réduire, on faisait disparaître la
contrainte, car on supprimait la menace, ou du moins
on la rendait inutile. « Si les dommages-intérêts étaient
toujours comminatoires., l'intimidation n'existerait
plus. » Il nous semble cependant que, même alors, ils
seraient un moyen de contrainte efficace. Dire en effet
que les dommages-intérêts sont toujours comminatoires,
c'est dire qu'ils sont prononcés à titre de menace, qu'ils
pourront toujours être réduits. Mais une décision qui
est dans tous les cas révocable ne sera pas fatalement
toujours révoquée. Le premier jugement est provisoire
sans doute, mais qui empêche qu'il ne soit, sinon rendu
définitif intégralement par un deuxième, du moins
confirmé en partie de telle manière qu'il édicte encore
pour le débiteur une véritable peine? Il dépendra de
ce dernier, de sa conduite future, que la sentence, qui
est toujours une menace, reste à l'état de menace ou
bien soit appliquée réellement. La réduction du taux
des dommages-intérêts sera toujours possible, mais
elle ne sera faite que si le débiteur l'a méritée : de ce
chef la contrainte s'exercera donc toujours.

---

[1] Meynial, p. 455. *Sic*. Massin, p. 423.

Cette tendance des tribunaux à attribuer un caractère comminatoire aux dommages-intérêts pour inexécution ou retard était si forte, que l'on en vint à modifier des jugements, qui, dans la pensée des magistrats dont ils émanaient, étaient manifestement irrévocables. Un jugement de 1810 avait condamné le sieur Cally, « faute d'avoir communiqué et représenté des titres qu'on lui réclamait, à payer la somme de 15,000 francs de dommages-intérêts et pour tenir lieu des titres. » Un Arrêt de la Cour de Cassation du 12 Novembre 1841 [1] décida néanmoins que la condamnation avait été prononcée « à titre de contrainte » seulement, et qu'un nouveau jugement pouvait, après la remise des titres effectuée un certain nombre d'années plus tard, exonérer le débiteur du paiement des dommages-intérêts. L'Arrêt mentionne la distinction romaine des jugements en *ordinatoria et decisoria*. Les derniers seuls étaient définitifs, les premiers étaient sujets à modification. Les magistrats de 1841 rangèrent le jugement de 1810 dans la première catégorie, et cela de leur propre autorité, en méconnaissant ouvertement l'intention de leurs prédécesseurs. Il suffit de lire sans parti pris le dispositif du jugement pour s'en convaincre. Les dommages-intérêts étaient alloués « pour tenir lieu des titres » : l'obligation à partir de ce moment avait changé d'objet : le débiteur devait non plus la remise des pièces, mais une somme d'argent déterminée. Et puis, le tribunal juge comme si les titres avaient été perdus, et il rend

---

[1] S. 42, 1, 170.

le débiteur responsable de leur perte : les 15,000 francs sont bien l'équivalent du préjudice causé et rien ne fait songer à l'idée de contrainte. D'ailleurs en 1810 la théorie des astreintes n'était pas encore connue, les juges ne pouvaient donc y faire allusion. Enfin, la forme même sous laquelle étaient accordés les dommages-intérêts prouve, dans une certaine mesure, que l'allocation était définitive. Les nombreux exemples de condamnations comminatoires se rapportent, en effet, exclusivement à des dommages-intérêts prononcés par jour de retard. Or, dans l'espèce, on fixait en faveur du créancier une somme unique représentant le dommage en bloc.

M. Meynial [1] pense qu'on aurait pu arriver à cette solution, — permettre l'exécution tardive en nature et supprimer les dommages-intérêts, — en considérant que le tribunal avait prononcé une condamnation alternative à la remise des pièces ou au paiement des 15,000 francs, et qu'aucun délai n'avait été fixé au débiteur pour choisir entre les deux ; il aurait pu, par suite, faire porter son choix, à une époque quelconque, sur l'un ou l'autre des deux partis qui lui étaient offerts, sauf à payer une indemnité pour le retard. Nous croyons que ce moyen de justifier l'Arrêt de 1841 n'est pas pleinement satisfaisant : la condamnation était bien pure et simple et elle portait uniquement sur le paiement des 15,000 francs. Elle était encourue définitivement, car le motif qui l'avait provoquée était un fait passé sur lequel il n'y avait

---

[1] P. 457, Note 1.

plus à revenir : « le tribunal condamne..... faute *d'avoir communiqué* les pièces. » C'est parce que le débiteur n'a pas exécuté au moment où le jugement est prononcé, qu'il est condamné à payer une certaine somme. L'inexécution est un fait accompli, on en prend son parti, sans qu'il puisse être question d'un délai, déterminé ou non, pour exécuter : l'une des branches de l'alternative n'existe plus : c'est la remise des pièces qui eût dû être faite avant le jugement. Il en eût été autrement si le tribunal s'était exprimé en ces termes : « Condamne..... *faute de communiquer.* » Il aurait été permis alors d'y voir pour l'avenir l'indication d'une alternative en faveur du débiteur.

Pour éviter ce que la théorie de la jurisprudence d'alors avait de trop absolu, certains auteurs[1] proposèrent une distinction. D'après eux, la condamnation n'avait un caractère comminatoire que lorsque les dommages-intérêts étaient prononcés d'office par le juge et sans que des conclusions eussent été déposées à cet égard ; mais lorsque c'était dans un débat contradictoire, dans lequel le tribunal avait pu apprécier et la situation des parties et la moralité de la résistance et le préjudice qui en résultait, alors les effets de la chose jugée devaient être attachés à la décision. L'Arrêt de 1842 semble avoir admis une distinction analogue.

A cette première phase, pendant laquelle la condam-

---

[1] *V.* la Note sous l'Arrêt de la Cour de Douai. D. 50, 2, 66.

nation à des dommages-intérêts par jour de retard
était considérée comme forcément comminatoire, suc-
céda une deuxième où la jurisprudence se montra
moins irrespectueuse de l'autorité de la chose jugée.
On établit une présomption en faveur du caractère
comminatoire, mais elle pouvait tomber devant la
volonté contraire du premier juge résultant soit des
termes mêmes dont il s'était servi, soit, par voie
d'interprétation, des circonstances de la cause et des
motifs allégués. Deux Arrêts de Cour d'Appel se rattachent tout spécialement à cette deuxième phase. Un
Arrêt de la Cour de Bordeaux (D. 70, 2, 208) déclare
que les décisions emportant condamnation à des dommages-intérêts par jour de retard « *sont essentiellement*
comminatoires, à moins qu'il ne résulte des termes
dans lesquels elles sont exprimées qu'il a été dans
l'intention des juges qu'elles fussent absolues et défini-
tives. » Un Arrêt de la Cour de Douai (D. 75, 2, 31)
est ainsi motivé : « Attendu que le juge, en ordonnant
l'exécution de la sentence dans un délai déterminé,
peut d'avance prononcer d'une manière absolue et
définitive des dommages-intérêts contre la partie retar-
dataire. » Mais si le tribunal est muet sur le caractère
de la condamnation, s'il y a doute, on présume qu'elle
est comminatoire, et les juges qui la modifieront plus
tard ne feront qu'obéir aux secrètes pensées de leurs
prédécesseurs.

Enfin en 1865 la jurisprudence de la Cour de Cassation entra dans une troisième phase: la présomption
qui régnait en faveur du caractère comminatoire fut

renversée et établie en faveur du caractère définitif.
(S. 65, 1, 84) [1]. L'état actuel de la jurisprudence a été
nettement décrit par M. le Conseiller Féraud-Giraud [2].
« La Cour de Cassation reconnaît par une série de
décisions que les condamnations à des dommages-intérêts pour retard dans l'exécution des obligations ou
des dispositions contenues dans les jugements peuvent
être aussi bien prononcées d'une manière ferme et à
titre définitif qu'à titre comminatoire, comme simple
moyen de contrainte, provisoirement et sauf débats
et révision ultérieurs. La difficulté est réduite à une
simple question d'interprétation abandonnée au juge
du fait qui, en dehors des termes employés dans le
chef qui condamne, doit apprécier, d'après les circonstances dans chaque affaire, quelle a été l'intention du
juge et la portée qu'il a entendu attribuer à sa décision.»

Ainsi donc, à la première question qui a été posée
plus haut (p. 70) nous répondrons que lorsque le juge
se trouve aujourd'hui en présence d'une condamnation
à des dommages-intérêts par jour de retard dont le
caractère sera contesté, il devra chercher à découvrir
quelle a été l'intention du premier tribunal. C'est au
juge du fait qu'il appartient, en définitive, de décider si la
condamnation est irrévocable ou seulement commina-

---

[1] « Attendu que la décision (du tribunal condamnant le
débiteur à la somme de 25 francs de dommages-intérêts par
jour de retard) est définitive, absolue et exclusive de toute
distinction. »

[2] Cassat., 7 Novembre 1888, S. 90, 1, 457.

toire. Son appréciation échappe au contrôle de la Cour de Cassation.

2° Demandons-nous maintenant, lorsque le juge se sera prononcé en faveur du caractère comminatoire, quelles sont les causes d'atténuation que pourra faire valoir le débiteur. Elles sont de deux sortes : l'absence de faute de sa part, ou tout au moins une culpabilité mitigée ; l'absence de préjudice pour le créancier, ou un préjudice moins grave que ne l'avait prévu le premier jugement. Pour qu'une peine soit encourue, il faut le concours de deux éléments : la matérialité d'un fait punissable, et la culpabilité de l'agent. Si l'un des deux fait défaut, la peine ne peut être infligée.

La matérialité du fait sera ici le préjudice causé. Or, le préjudice final qui résultera pour le créancier soit de l'inexécution, soit de l'exécution tardive sera toujours inférieur à celui que représentent les dommages-intérêts alloués par le premier jugement. Le tribunal, en effet, n'avait pas l'intention de réparer les suites futures de la résistance du débiteur, mais il voulait contraindre ce dernier à fournir la prestation réelle de son obligation ; et cela est si vrai, que certains juges ont pu accorder, à titre comminatoire, au créancier des dommages-intérêts par jour de retard, alors que le retard ne pouvait lui causer aucun préjudice. (S. 34, 1, 129.) Par la force même des choses, le taux de la condamnation sera hors de proportion avec le dommage souffert. Lorsque le créancier viendra réclamer le paiement de l'indemnité à laquelle lui a donné droit une première décision de justice, une deuxième interviendra variant

suivant les circonstances. Si le débiteur, ne persistant
pas dans son refus, a exécuté l'obligation dont il était
tenu, il faudra examiner quel est en réalité le préjudice
causé par le retard et réduire les dommages-intérêts à
la valeur de ce préjudice définitif. « Attendu qu'il est
de principe que les dommages-intérêts ne peuvent excéder le préjudice causé. » (S. 25, 1, 165.) « Attendu
qu'il y a lieu d'apprécier l'importance réelle du préjudice causé par le retard. » (D. 70, 2, 208.) Il se peut
même que, le retard n'ayant fait subir aucun tort au créancier, les dommages-intérêts soient supprimés complètement [1]. Si, au contraire, le débiteur, au moment où le
créancier réclame l'exécution du premier jugement,
persiste dans son refus, le tribunal, le plus souvent,
confirmera la première condamnation et ne tiendra
pas plus compte du préjudice qu'il ne l'a fait déjà [2].

La peine pourra, en second lieu, être diminuée ou
abolie selon le degré de culpabilité du débiteur. Il ne
suffit pas, pour que les dommages-intérêts soient dûs,
au moins intégralement, qu'il y ait eu résistance ; il
faut aussi qu'elle ait été injuste. Il est un certain nombre d'excuses que le débiteur pourra invoquer à son
profit. Et d'abord sa bonne volonté : s'il n'a pas obéi

---

[1] *Sic.* S. 42, 1, 170.

[2] *Sic.* Affaire de Beauffremont. D. 78, 2, 125. Un Arrêt
de la Cour de Paris avait condamné la Princesse à la somme
de 1,000 francs de dommages-intérêts par jour de retard
pendant un mois, après quoi il serait fait droit. Au bout d'un
mois un nouvel Arrêt fut prononcé, maintenant la condamnation pour une période indéterminée.

à l'ordre du tribunal, c'est que, malgré tous ses efforts, il n'a pas pu ; étant condamné, par exemple à payer une somme déterminée, il a fait des offres mais insuffisantes. (S. 35, 1, 39.) Sans doute il est en faute de ne pas pouvoir effectuer le paiement complet ; sinon il serait par trop commode de se soustraire à une obligation contractée, en alléguant qu'on voudrait bien s'acquitter de sa dette mais qu'on ne le peut pas ; il est en faute et de ce chef la condamnation subsistera, au moins en partie ; mais elle sera mitigée, parce que sa faute est à demi-effacée par sa bonne foi si évidente.

Une autre cause d'atténuation résultera pour le débiteur du concours de circonstances qui justifient, dans une certaine mesure, sa désobéissance aux injonctions du tribunal : un individu avait été condamné à délaisser un terrain au profit d'un tiers et à ne pas se servir d'un bac affecté au passage d'un cours d'eau (D. 50, 2, 66) ; il continua à occuper l'un et à user de l'autre, parce que l'autorité administrative intervint par la voie de la tierce-opposition, en prétendant que l'État était propriétaire du terrain litigieux. Le débiteur avait ici quelque raison de croire que l'intervention de l'État le mettait à couvert ; si elle ne s'était pas produite, peut-être aurait-il cédé aux prescriptions de la justice : et on ne fit courir les dommages-intérêts que jusqu'à la tierce-opposition, c'est-à-dire jusqu'au moment où sa résistance avait cessé d'être injuste, sans que le désistement postérieur de l'autorité administrative vînt amoindrir la portée de l'excuse invoquée par le débiteur.

Dans tous les cas où le débiteur prétextera pour sa

décharge l'absence de faute de sa part, ou bien une atténuation de sa faute, c'est à lui qu'incombera la preuve de ce qu'il avancera ; il aura à détruire une présomption en vertu de laquelle il est considéré comme absolument responsable de l'inexécution ou du retard.

La faute du débiteur est aussi diminuée, et par suite les dommages-intérêts sont réduits, au cas où le créancier n'a pas fait diligence pour recevoir le paiement, alors que le débiteur voulait exécuter son obligation : le retard lui est imputable en partie, sa créance sera diminuée d'autant « attendu que la plus grande partie du retard était du fait du demandeur. » (S. 25, 1, 165.)

Enfin, il est une dernière cause non plus de réduction de la peine, mais d'absolution complète : c'est la force majeure : il n'y a plus de place alors pour la faute du débiteur ; l'inexécution ou le retard ne peuvent lui être reprochés, c'est le créancier qui en souffrira. Un jugement ordonne à Primus la remise immédiate de titres entre les mains de Secundus ; les titres sont déposés chez un tiers ; pour se les procurer, Primus est obligé d'obtenir contre l'administrateur judiciaire des biens de ce tiers un jugement qui ordonne la restitution à son profit. Les longueurs de cette procédure occasionnent un retard dans la remise des titres à Secundus : mais il y a eu cas de force majeure dégageant la responsabilité de Primus qui sera déchargé du paiement de tous dommages-intérêts [1].

---

[1] Cassat., 28 Avril 1868. S. 69, 1, 173.

3° Tels sont les principaux motifs qui entraînent une modification de la condamnation comminatoire dans l'intérêt du débiteur : Comment se fera cette modification ? Tantôt les tribunaux réduisent le nombre des jours pendant lesquels doivent courir les dommages-intérêts. Régulièrement ils sont dûs jusqu'à ce que le débiteur réalise son engagement ou qu'il obéisse aux prescriptions du juge, en un mot jusqu'à exécution de l'obligation née du contrat ou constatée par jugement. Lorsqu'il y aura lieu d'opérer une réduction en faveur d'un débiteur intéressant, on fera cesser le cours des dommages-intérêts, sans toucher à leur taux quotidien, avant l'exécution proprement dite, à un moment où se manifeste bien clairement de sa part l'intention de se soumettre à l'ordre de la justice. (*Sic* S. 35, 1, 39.) Tantôt on réduira le total que l'on a obtenu en multipliant le taux quotidien par le nombre de jours écoulés depuis la condamnation jusqu'à l'exécution. C'est ainsi qu'une indemnité qui, aux termes d'un premier jugement aurait dû être évaluée à 11,080 francs, fut réduite à la somme de 400 francs [1]. De même la Cour de Cassation confirmait la réduction à 2,500 francs d'une somme de dommages-intérêts qui s'élevait régulièrement au chiffre de 41,000 francs. (S. 90, 1, 457.) Enfin, dans certaines hypothèses, on ne diminue pas le taux des dommages-intérêts, on les supprime en entier, soit parce que le créancier ne peut alléguer le moindre

---

[1] S. 25, 1, 165 ; *id.* D. 70, 2, 208.

préjudice causé par le retard, soit parce que le retard est dû à un cas de force majeure.

En terminant ces quelques observations sur le caractère comminatoire des condamnations à des dommages-intérêts par jour de retard, nous ferons remarquer qu'il s'applique à celles qui résultent d'une sentence arbitrale comme à celles qui sont prononcées par un jugement. Il a été jugé par suite [1] qu'une Cour d'Appel peut réduire la somme que l'on suppose avoir été fixée par l'arbitre à titre purement comminatoire, et cela même après acquiescement des parties sur l'exécution de la sentence. La convention ultérieure entre le parties ne peut, dit-on, imprimer à la clause pénale édictée par l'arbitre un caractère contractuel qui la rendrait définitive. Donc un jugement ou un Arrêt postérieurs à la sentence peuvent ramener la somme des dommages-intérêts à la valeur du préjudice réellement souffert par le créancier.

CHAPITRE V

PORTÉE D'APPLICATION DU SYSTÈME DE LA JURISPRUDENCE

SOMMAIRE : Il sanctionne les obligations de donner, — les obligations de faire, personnelles ou non personnelles. — Il s'applique toutes les fois qu'il peut donner un résultat utile.

Nous connaissons le procédé par lequel la jurisprudence affirme la fonction pénale et coercitive des dommages-intérêts; examinons maintenant dans quels

---

[1] Cassat., 25 Juillet 1882 , S. 83, 1, 345.

cas elle l'applique. Les astreintes ont pour but d'éviter l'inexécution des obligations ; mais de quelles obligations s'agit-il? D'abord de certaines obligations de donner (obligations de remise de pièces surtout [1]). On pourrait s'en étonner *a priori*, car l'exécution forcée en nature étant possible ici, l'usage d'un moyen de contrainte indirecte ne se comprend plus. Pourquoi chercher à obtenir par une voie détournée, et en courant le risque de ne pas réussir, ce que l'on peut réaliser directement et à coup sûr? C'est que l'exécution forcée n'est pas toujours possible en matière d'obligations de donner; le débiteur, par exemple, peut dissimuler facilement l'objet dû; — c'est le cas pour l'obligation de remettre des titres — : la contrainte indirecte aura alors sa raison d'être et son utilité.

Les astreintes sanctionnent aussi et surtout les obligations de faire. S'appliquent-elles à toutes, ou bien la jurisprudence fait-elle une distinction? Cette question ne nous paraît présenter aucune difficulté, car la solution résulte d'une simple constatation. Pour y répondre, il n'est besoin que de réunir les nombreux Arrêts qui se rattachent à la matière et d'examiner à quel genre d'obligation ils ont trait. Cependant deux opinions absolument contraires ont été émises sur ce point. D'après certains auteurs [2], seules les obligations de faire non personnelles, c'est-à-dire

---

[1] *V.* S. 25, 1, 165 ; S. 42, 1, 70 ; S. 65, 1, 84.

[2] MM. Aubry et Rau. *Cours de Droit civil,* t. IV, p. 41 et 42 ; Meynial. *id.,* p. 452.

susceptibles d'exécution forcée, sont comprises dans
le système de la jurisprudence ; et c'est à juste raison,
disent-ils. Tout en contestant sans réserve l'emploi
de la contrainte indirecte, on comprendrait qu'elle
fût usitée de préférence, en vertu de l'adage « qui
peut le plus peut le moins », dans les hypothèses
même où la contrainte directe serait possible. — D'un
autre côté [1], on prétend que les tribunaux n'admettent
les astreintes que lorsque l'exécution forcée directe
ne peut être obtenue, et cela s'explique : c'est alors
seulement, en l'absence de tout autre moyen, qu'elles
trouvent leur place. Mais nous n'avons pas à rechercher ici à quelle catégorie d'obligations le système de
la jurisprudence devrait, en pure théorie, s'appliquer.
Il s'agit de savoir non pas ce qui doit être, mais ce
qui est.

Parmi les décisions qui consacrent l'usage des
astreintes, les unes sanctionnent des droits ayant leur
origine dans des relations civiles ou commerciales
d'ordre purement pécuniaire, d'autres sont destinées
à l'exécution d'obligations qui prennent leur source
dans certains rapports de famille, tels que le mariage
et la paternité, et que M. Meynial a qualifiées de
légales ; ce sont : l'obligation pour la femme de cohabiter avec son mari (Art. 214, C. civil), et l'obligation pour tout détenteur des enfants de les restituer
à celui des parents que le tribunal a désigné. Faut-il
les assimiler aux autres obligations de faire, ou bien

---

[1] Massin. p. 400 et ss.

doit-on leur réserver dans le système de la jurisprudence une place privilégiée, en raison de leur
origine qui est la loi elle-même ? Faut-il les mettre à
part, quand on recherche à quelles obligations, —
personnelles ou non personnelles, — s'applique la
théorie des astreintes, sous prétexte qu'elles intéressent particulièrement l'ordre social, et que, de ce chef,
elles ont un droit indéniable à l'exécution directe ?
M. Massin est pour l'assimilation des obligations
légales et des obligations conventionnelles : elles ont
toutes pour origine la convention, et si la femme est
obligée de par la loi à cohabiter avec son mari, du
moins n'a-t-elle contracté mariage que de par sa
volonté propre. Et puis, le rapport qui existe entre le
détenteur des enfants et leur gardien légal peut très
bien ne résulter d'aucun droit ou devoir de famille,
quand ce détenteur par exemple est un étranger. Les
tribunaux n'ont donc aucune raison de traiter les
obligations légales autrement que les obligations
conventionnelles, et, en fait, ils n'établissent pas entre
elles de distinction.

Pour nous, les obligations qui naissent de devoirs
de famille, si elles ne méritent pas la qualification de
légales parce qu'elles ne découlent pas d'un rapport
entre l'individu et la société, n'en sont pas moins
dignes d'attirer à un degré tout particulier l'attention
du législateur et du juge quand il s'agit de leur sanction,
car il est incontestable qu'elles intéressent l'ordre
social dans une plus grande mesure que les autres
obligations civiles. Mais, en admettant même que les

tribunaux ne fassent aucune distinction en leur faveur, cette concession faite à M. Massin n'infirme en rien l'opinion de MM. Aubry et Rau, à savoir que la jurisprudence a réservé l'application des astreintes aux obligations de faire non personnelles, qui sont sujettes, en principe, à l'exécution forcée directe. Au nombre de ces dernières sont les obligations légales :

Un père à qui est conféré le droit de garde sur ses enfants les réclame à la mère qui ne veut pas les rendre. Pour faire valoir son droit, il agira comme s'il était question pour lui de rentrer en possession d'une chose prêtée ou d'obtenir un objet dû : il exercera contre la mère une véritable action en revendication. La mère sera ainsi contrainte, et au besoin *manu militari,* de se dessaisir des enfants. Si, d'un autre côté, les enfants n'étant plus retenus par leur mère, refusent, de leur propre initiative, de se rendre aux désirs du père qui les réclame, celui-ci trouvera dans la loi un moyen de vaincre leur résistance : le droit de correction que lui attribue le législateur et qui va jusqu'à la possibilité de faire enfermer les enfants dans une maison de détention, lui permet aussi de les ramener au foyer paternel, même par la force armée.

Une femme quitte le domicile conjugal et ne tient aucun compte des sommations faites par le mari qui veut la rappeler à ses devoirs. Aucun texte de loi n'autorise le mari à user de la contrainte directe pour obtenir satisfaction. Mais une jurisprudence aujourd'hui constante tolère l'emploi de la *manus militaris* pour obliger la femme à réintégrer le domicile commun [1]. On pourrait critiquer cette jurisprudence, surtout au double point de vue de la légalité et de l'efficacité ; il n'en est pas moins vrai qu'elle est bien établie, et qu'il faut compter avec elle. Les obligations légales peuvent donc être exécutées directement et elles sont comprises dans le système des astreintes : ces constatations sont faites pour confirmer l'opinion de MM. Aubry et Rau.

Mais, ne manque-t-on pas d'objecter, les tribunaux se servent de la contrainte indirecte précisément quand la contrainte directe, qui en principe est possible, ne peut s'appliquer par suite de certaines circonstances, telles que le départ de la femme et des enfants pour un pays étranger, où les représentants français de la force armée n'auront aucune autorité. D'abord, ce n'est pas là une règle absolue, et on pourrait citer tels cas où il était loisible au juge d'ordonner une exécution forcée qui eût été efficace et où cependant il a préféré employer un moyen détourné, la condamnation à des dommages-intérêts par jour de retard. Ainsi un Arrêt de la Cour de Cassation déclare qu'en présence du refus par la femme de cohabiter avec son mari, le tribunal, loin d'être obligé de condamner la délinquante à réintégrer *manu militari* le domicile conjugal, peut user de tous les moyens directs ou indirects qu'il jugera convenables pour donner satisfaction au mari: « Attendu que, pour forcer la femme à revenir avec

---

[1] *V.* dans ce sens. Nimes, 20 Fév. 1862, S. 63, 2, 161 ; Pau, 11 Mars 1863, S. 63, 2, 97 ; Contra, Colmar. S. 34, 2, 27.

son mari, les juges sont libres de recourir suivant
l'occurence aux moyens de contrainte qui leur paraissent les plus efficaces ou les mieux appropriés à la
situation, et notamment à une condamnation à des
dommages-intérêts (50 francs par jour de retard) [1]. »
On peut citer dans le même sens un Arrêt de la Cour
de Nimes de 1862 (S. 63, 2, 161); de même encore
un Arrêt de 1857 [2], qui applique les astreintes au cas
d'une obligation de restituer des enfants, ne déclare
nullement que dans l'espéce l'exécution forcée directe
était impossible.

Bien plus, supposons que des exemples de ce genre
n'existent pas et que les décisions des tribunaux ne
fassent mention des astreintes que lorsqu'en fait l'exécution forcée de l'obligation légale est irréalisable. Il sera
toujours vrai de dire que nous sommes en présence d'une
obligation de faire non personnelle. Si elle échappe, en
pratique, à l'exécution directe, elle n'a pas pour cela
changé de nature, de même qu'une obligation de donner
conservera sa qualité d'obligation de donner alors
cependant que, contrairement à la règle suivie en
matière d'obligations de ce genre, il ne sera pas permis
d'obtenir la prestation réelle de l'objet. Une obligation
de faire est personnelle si l'exécution forcée directe
est impossible, et elle est non personnelle dans le cas
opposé; soit : mais il ne faut pas confondre l'impossibilité de fait, accidentelle, avec l'impossibilité qui tient

---

[1] Cassat., 26 Juin 1878, S. 79, 1, 176.
[2] Cassat., 25 Mars 1857, S. 57, 1, 267.

à la nature même de l'obligation ; c'est de la seconde seule qu'il faut se préoccuper pour établir une distinction entre les diverses obligations de faire. Nous concluons donc que la jurisprudence, en sanctionnant au moyen des astreintes les obligations légales, applique la contrainte indirecte à des hypothèses dans lesquelles l'exécution directe est toujours permise en principe, quelquefois même en fait, et qui sont, en tout cas, des exemples d'obligations non personnelles.

L'examen des décisions se rapportant aux obligations conventionnelles va-t-il nous conduire au même résultat ? Oui, semble-t-il, si l'on en croit et une série de trois Arrêts qui repoussent l'emploi des astreintes comme sanction d'obligations personnelles de faire, et aussi un grand nombre d'autres qui l'admettent pour contraindre le débiteur d'une obligation non personnelle.

Un Arrêt de Cassation du 28 Juillet 1854 [1] confirme la condamnation à 5 francs par jour de retard prononcée contre un mari qui s'est engagé à apporter la ratification de sa femme (obligation personnelle de faire) et qui ne tient pas son engagement. Les motifs de l'Arrêt ne laissent aucun doute sur la pensée du juge : la condamnation est maintenue sous cette forme, — 5 francs par jour de retard pour réparer le préjudice, — parce qu'il y a réellement retard et qu'à aucun moment le défendeur n'a refusé d'exécuter ; c'est dire que s'il y avait eu refus, les dommages-intérêts auraient

---

[1] S. 55, 1, 33.

été estimés en bloc, en vertu de l'Art. 1142, à titre
d'équivalent, et non à tant par jour de retard comme
moyen de contrainte. On prétend [1] que cet Arrêt n'est
pas concluant, car l'impossibilité d'exécuter résulte
d'un tiers qui est la femme. Mais cela empêche-t-il
que le mari ne soit obligé et que son engagement ne
constitue une obligation personnelle de faire? On
ajoute que dans l'espèce il y aurait une raison spéciale
de condamner le porte fort qui refuserait de tenir sa
promesse à des dommages-intérêts en bloc en guise
d'indemnité, d'équivalent: cette raison est tirée de l'Art.
1120, qui est péremptoire et n'admet pas d'autre sanction. Mais si la Cour avait bien voulu user de la contrainte
indirecte, n'aurait-elle pas tourné l'Art. 1120 comme
elle a tourné, dans les hypothèses où elle admet l'emploi
des astreintes, les Art. 1142 et 1149, qui considèrent,
eux aussi, les dommages-intérêts dus pour inexécution
comme une réparation et un équivalent?

De même, un Arrêt de la Cour de Paris [2] modifie
un jugement du Tribunal de Fontainebleau qui avait
condamné Rosa Bonheur à 20 francs de dommages-
intérêts par jour de retard, faute d'exécuter un tableau
dont elle avait accepté la commande. La Cour trans-
forma cette condamnation en une autre à 4,000 francs
de dommages-intérêts. Pourquoi les juges qui cependant, en d'autres circonstances, ne se faisaient pas
faute de confirmer le procédé coercitif du Tribunal de

---

[1] Massin, p. 403.
[2] Paris, 4 Juillet 1865, S. 65, 2, 233.

Fontainebleau, crurent-ils devoir le repousser dans l'espèce? N'est-ce pas parce qu'il s'agissait ici de sanctionner une véritable obligation de faire personnelle, à l'exécution de laquelle le refus du débiteur mettait un obstacle insurmontable? On a dit [1] que cet Arrêt n'était pas plus concluant que le premier, parce que les 4,000 francs étaient la réparation non pas d'un préjudice pécuniaire, mais d'un préjudice moral. Il n'en est pas moins certain que la Cour a rejeté le système de la condamnation à tant par jour de retard qui est le critérium à peu près infaillible de la contrainte, pour adopter la condamnation définitive à une somme déterminée. Qu'elle se soit placée à un faux point de vue pour l'appréciation du préjudice, cela n'est pas douteux, à notre avis, mais elle a bien eu l'intention de réparer un préjudice et non pas de contraindre.

Nous citerons enfin, dans le même sens, un Arrêt de la Cour de Nimes. Un Notaire s'était engagé à acquérir l'office d'un agent de change moyennant un prix déterminé : il s'engageait par là même à solliciter l'investiture du Président de la République (obligation personnelle de faire), sans laquelle la cession n'eût pas été parfaite. Il refusa au dernier moment d'accomplir cette formalité indispensable. La Cour, au lieu de chercher à l'y contraindre au moyen d'une condamnation à des dommages-intérêts par jour de retard, jugea

---

[1] Massin, *loc. cit.*

qu'il devrait payer au cédant une somme unique représentant en bloc le préjudice causé [1].

Ces trois exemples paraissent démontrer que lorsque les tribunaux ont dû se prononcer sur la sanction d'une obligation personnelle de faire, ils n'ont pas eu recours aux astreintes comminatoires. Si, en sens inverse, nous examinons les Arrêts qui admettent la validité des astreintes, nous constaterons qu'ils ont trait à des obligations de faire non personnelles, telles que l'obligation de délaisser un immeuble et de faire les réparations nécessaires (S. 35, 1, 39) ; l'obligation de faire certains travaux pouvant être faits par d'autres que le débiteur (D. 70, 2, 208) [2] ; l'obligation de transporter des marchandises (S. 62, 2, 335). Dans toutes ces espèces, le créancier aurait pu obtenir satisfaction, malgré le refus du débiteur ; l'exécution forcée en nature était permise, aux termes de l'Art. 1144.

Cependant, il ne serait pas impossible de trouver, parmi les décisions de jurisprudence, des Arrêts qui appliquent les astreintes à des exemples d'obligations personnelles. Il faut citer, dans ce sens, un jugement du Tribunal de la Seine de 1854 (D. 54, 3, 80), condamnant Mlle Rachel à payer à Legouvé la somme de

---

[1] Nimes, 22 Mars 1887. S. 87, 2, 142. Et la Cour, à juste titre, ne tint pas compte de la bonne foi du débiteur, qui avait été amené à résilier le contrat par la faute d'un tiers, parce qu'il n'y avait eu ni cas fortuit, ni force majeure. (Art. 1147 C. civ.)

[2] *Id.* S. 90, 1, 457.

200 francs par jour de retard, parce que la célèbre
tragédienne avait, au mépris de ses promesses anté-
rieures, refusé d'interpréter le rôle de Médée. Il est
vrai que cette sentence ne fut jamais exécutée : le même
tribunal jugea, quelque temps après, que la pièce n'avait
pas été officiellement reçue à la Comédie Française,
et que, par suite, Rachel n'avait pas à la jouer. Il est
vrai aussi que peut-être, sans cet incident, la Cour de
Paris eût modifié la décision du tribunal comme elle
le fit plus tard dans l'affaire Rosa Bonheur. Mais, en
fait, le jugement a été prononcé et il n'en conserve pas
moins sa valeur doctrinale. De même, un Arrêt de la
Cour d'Orléans [1] prononce une condamnation à des
dommages-intérêts par jour de retard pour contraindre
le débiteur d'une obligation de donner procuration à
un tiers (obligation personnelle) [2]. Un autre use du
même procédé pour faire exécuter une obligation de
rendre des comptes (obligation personnelle aussi) [3].

Ces décisions sont en désaccord avec les trois Arrêts
de 1854, 1865 et 1887. La contradiction, qui n'est qu'apparente d'après certains auteurs [4], est donc bien réelle,
si l'on considère la nature des obligations sanction-
nées par les astreintes. Mais pour nous, elle n'existe pas,
car nous croyons, en définitive, que la jurisprudence
n'a pas voulu exclusivement appliquer son système à
tel ou tel genre d'obligations. La théorie des astreintes

---

[1] Orléans, 3 Décembre 1859. D. 60, 2, 9.
[2] *V.* Pour une espèce identique, Cassat. D. 91, 1, 31.
[3] Cassat. S. 87, 1, 112.
[4] Meynial, p. 452.

a une portée beaucoup plus large que ne viennent pas
limiter de pures distinctions théoriques. Ce sont des
raisons d'utilité pratique qui ont conduit les tribunaux
à la créer [1], ce sont des considérations d'utilité qui les
guident quand il s'agit de l'appliquer. De même qu'on
ne distingue pas entre les obligations de donner et
les obligations de faire, de même on ne doit pas distinguer entre les divers genres d'obligations de faire.
Que l'obligation soit personnelle ou non personnelle,
peu importe ; le seul point que l'on ait à examiner est
le point de savoir si, étant donné un cas d'inexécution,
la condamnation à des dommages-intérêts comminatoires peut ou non agir d'une manière efficace pour
vaincre la résistance du débiteur. On explique ainsi
la contradiction qui ressort du rapprochement de certaines décisions. Si la Cour de Paris rejeta l'emploi
des astreintes dans l'affaire Rosa Bonheur, c'est qu'elles
n'auraient pas plus donné de résultat que la contrainte
directe, c'est que l'œuvre créée par l'artiste sous l'empire d'une pression quelconque, n'eût pas répondu aux
désirs du demandeur. Si, au contraire, la Cour de Cassation en 1891, dans un cas d'obligation personnelle
aussi, jugea bon d'admettre l'usage de ces mêmes
astreintes, c'est que la procuration donnée par le débiteur sous le coup d'une menace, produisait le même
effet que si elle eût émané d'une volonté absolument
libre.

---

[1] *V.* Plus loin les causes du système de la jurisprudence.

CHAPITRE VI.

CAUSES DU SYSTÈME.

SOMMAIRE : Ni le Droit romain, ni l'ancien Droit, ne fournissent, à vrai dire, un précédent à la théorie des astreintes. — Causes finales : Respect des conventions, — respect des décisions de justice — prise en considération du préjudice moral. — Causes occasionnelles : Inexécution plus fréquente, par suite : 1° de l'augmentation du nombre des obligations de faire ; — 2° du sentiment exagéré de la liberté ; — 3° du relâchement des mœurs ; — 4° de la facilité des transports.

Tel est, exposé dans son ensemble, le système de la jurisprudence. Il faut maintenant rechercher quels sont les motifs qui ont poussé les tribunaux à créer ces pratiques nouvelles, dont le point saillant est la fonction coercitive des dommages-intérêts. Après avoir vu le comment, essayons de découvrir le pourquoi.

Et d'abord, trouve-t-on dans l'histoire une législation que la jurisprudence puisse invoquer pour justifier son système? Le Droit romain lui fournit, semble-t-il, un précédent. Il admettait, sans contredit, l'usage des dommages-intérêts comme moyen de contrainte et comme peine. Peut-elle s'en prévaloir sérieusement? Nous ne le croyons pas. En premier lieu, le procédé du *juramentum in litem* qui offre, nous l'avons vu, quelques ressemblances avec le système des astreintes, en diffère principalement à deux point de vue : à Rome, c'est la partie qui fixe le *quantum* des dommages-intérêts, et qui le fixe en bloc, à une somme unique ; chez nous, c'est le juge qui les alloue et à tant par jonr de retard. En second lieu, l'esprit des deux législations

française et romaine diffère complètement. A Rome,
l'État ne s'immisce dans les affaires des particuliers
que le moins possible, l'individu jouit d'une autonomie
considérable ; il a le privilège d'une initiative très
étendue. A cette exagération de la liberté individuelle
il faut un frein qui agisse toutefois sans brutalité, d'une
manière détournée : la contrainte indirecte s'explique
à merveille ; l'emploi des dommages-intérêts dans ce
but n'est pas moins naturel avec le principe des condamnations pécuniaires. Mais en Droit français il en est
tout autrement. Le législateur parle en maître dans les
rapports entre particuliers. L'individu se trouve effacé,
sans initiative. La loi ayant prévu les difficultés qui
pouvaient s'élever au sujet de questions d'ordre privé,
et ayant réglé aussi les modes d'exécution des jugements rendus conformément à ses prescriptions, les
particuliers ne peuvent qu'obéir, et le juge n'a qu'à
appliquer la loi, telle qu'elle existe. Si la jurisprudence
estime qu'il y a des lacunes dans le Code, elle n'a
pas le droit de les combler au mépris d'un texte de
loi contraire. Du reste, même en Droit romain, en
nous plaçant à l'époque de Justinien, nous voyons
que le caractère pénal et coercitif des dommages-intérêts
tend à disparaître pour faire place au rôle d'équivalent
et de réparation qui convient mieux à une civilisation
déjà avancée. Si, au mépris de cette tendance, la jurisprudence française avait voulu se reporter à l'ancien
Droit romain, elle aurait fait un vrai retour en arrière ;
mais cela est peu probable, car les tribunaux ne se
réclament pas du Droit romain dans leurs motifs.

On ne peut invoquer davantage l'ancien Droit, qui a considéré les dommages-intérêts comme une réparation du préjudice causé. Il ne pouvait entrer dans l'esprit du législateur d'en faire un moyen de contrainte ou une peine, alors qu'il modifiait les dispositions volontairement consenties entre parties qui leur donnaient cette fonction. On pourrait du moins songer à l'ancien Droit pour justifier le système de la jurisprudence au point de vue du caractère comminatoire; les liefs de comminatoire semblent bien être un précédent; mais au fond, il n'en est rien : c'est en faveur du créancier qu'avait lieu autrefois la révision du premier jugement, tandis qu'aujourd'hui c'est en faveur du débiteur ; et puis, cette pratique des liefs de comminatoire était étrangère à toute idée de contrainte indirecte ; d'ailleurs elle n'était usitée qu'en Bretagne : elle resta isolée et ne devint jamais le Droit commun de la France.

L'ancien Droit connaissait aussi la clause pénale comminatoire; mais on ne peut voir là aucune analogie avec les dommages-intérêts comminatoires de la jurisprudence actuelle, d'abord parce que le *quantum* était fixé au préalable par les parties et non par une décision de justice, et ensuite parce que le juge, en réduisant le chiffre qui lui paraissait excessif, tenait compte exclusivement du préjudice réel, sans se préoccuper de l'opportunité de la résistance.

La jurisprudence ne peut pas enfin tirer argument du Code civil, et cela pour une excellente raison : c'est que le système des astreintes a été créé pour réprimer

un ordre de choses qui n'existait pas au moment de la
rédaction du Code et que le législateur de 1804 n'a
pas songé à combattre. Il est même fort probable que
lorsqu'elle a commencé à établir son système, elle ne
pensait guère aux textes de loi « et ce n'est qu'après
coup, quand les conséquences de sa théorie ont fait
réfléchir sur son fondement légal, que certains ont
pensé qu'une interprétation subtile de la loi pouvait
tout justifier [1]. »

Il faut donc chercher ailleurs que dans l'histoire
la justification du système de la jurisprudence. Les
nombreuses décisions qui ont été rendues en la matière
laissent deviner à quels sentiments ont obéi les magistrats en admettant l'emploi des dommages-intérêts
par jour de retard comme un moyen de contraindre
le débiteur. Trois motifs résultent clairement, soit des
termes mêmes des Arrêts, soit de l'esprit dans lequel
ils sont conçus, soit enfin du *quantum* de la condamnation comparé aux intérêts matériels en jeu.

C'est d'abord le désir de se conformer aux prescriptions de l'Art. 1134 du Code civil, qui pose en
principe l'exécution de bonne foi ou, en d'autres
termes, l'exécution en nature des conventions légalement formées. Il est sans doute toujours possible,
faute de mieux, de prononcer une condamnation à
l'équivalent de la prestation réelle; mais cet équivalent
ne vaudra jamais, aux yeux du créancier, la prestation
elle-même. En bonne justice, il est donc nécessaire

---

[1] Meynial, p. 448.

de s'ingénier par tous moyens à obtenir du débiteur l'exécution en nature. Au jour du contrat, deux volontés se sont liées; il ne faut pas que, sans motif sérieux, elles puissent plus tard se délier impunément. Si le débiteur pouvait, à la seule condition de fournir un équivalent, se dérober à ses engagements antérieurs, l'absence de châtiment rendrait plus fréquentes les défaillances, et il ne serait plus permis d'espérer la moindre sécurité dans les relations civiles ou commerciales. Si l'on considère, d'un autre côté, les obligations légales, les inconvénients apparaissent bien plus sensibles. Il y aurait à la fois une immoralité manifeste et un danger grave à permettre, par exemple, à la femme de ne pas remplir le devoir de cohabitation, à la seule condition de payer au mari une indemnité en argent représentant le préjudice matériel par lui souffert. Ici, la loi a parlé, et il ne doit pas être possible de se jouer à si bon compte de ses prescriptions. La société elle-même est intéressée, car elle repose sur la famille, et l'obligation de cohabiter est un devoir de famille. Ce qu'a voulu le législateur, ce n'est pas une réparation dérisoire accordée au mari, c'est l'exécution par la femme des dispositions légales. Cette exécution, il est juste de la poursuivre, soit directement, soit indirectement, et la condamnation à des dommages-intérêts non plus réparateurs mais coercitifs, est un moyen de l'obtenir que l'on ne saurait rejeter.

Il est vrai que, dans bien des cas où la jurisprudence a recours aux astreintes pour arriver à l'exécution en nature, elle pourrait, sans employer des moyens détournés dont la légalité n'est pas incontestable, aboutir au même résultat en se servant du procédé indiqué par l'Art. 1144. Prenons, par exemple, l'obligation de réaliser certains travaux qui, en cas de refus du débiteur, peuvent être accomplis par d'autres et à ses frais [1]. Pourquoi recourir aux astreintes pour avoir raison de la résistance du débiteur, alors qu'on pourrait aisément passer outre et donner pleinement satisfaction au créancier, immédiatement, en s'adressant à un tiers ? De même, en matière d'obligation légale, quand la femme refuse de cohabiter avec son mari, pourquoi la contraindre indirectement par une condamnation à des dommages-intérêts, alors qu'il est possible de la ramener au foyer conjugal *manu militari* [2]. Si les tribunaux ont donné leur préférence aux moyens indirects d'exécution, c'est que, en apparence du moins, ils font un plus grand cas de la liberté individuelle que les moyens directs. Un débiteur ne veut pas tenir son engagement : sa volonté sera respectée, l'obligation restera inexécutée jusqu'à ce qu'il consente enfin à la réaliser lui-même, volontairement. On cherche à obtenir non pas l'exécution malgré le débiteur, mais l'exécution voulue par lui, et on y arrivera par des procédés qui violenteront précisément cette liberté dont on a l'air de se soucier tant. Mais, à la surface, la dignité du débiteur restera sauve : tant qu'il a refusé d'exécuter, l'exécution n'a pas eu lieu, ce n'est qu'avec

[1] D. 70, 2, 208 ; S. 90, 1, 457.
[2] S. 79, 1, 176.

son consentement, spontané ou non, peu importe, que l'obligation a été réalisée. Cela rappelle le « *coactus volui sed tamen volui* » des Romains.

A côté du respect des conventions, la jurisprudence invoque, pour justifier, ou tout au moins pour expliquer l'emploi des astreintes, le respect des décisions de justice. Une obligation qui résulte déjà de la convention, faisant loi entre les parties, confirmée en outre par la voix des tribunaux, a un double droit à l'exécution. Lorsque le juge ordonne, il est nécessaire que celui qui a reçu l'ordre obéisse. La soumission aux prescriptions de la justice intéresse l'ordre public, et il serait inutile de donner aux magistrats le pouvoir de faire l'application des lois aux particuliers, si on ne leur donnait pas, en même temps, celui de faire exécuter leurs décisions. Il faut une sanction efficace aux ordres donnés par la justice ; cette sanction, les tribunaux auront le droit de l'organiser par tous les moyens qu'ils jugeront convenables. Si on ne leur reconnaît pas la plus grande latitude à cet effet, les parties se feront un jeu de considérer leurs sentences comme lettre morte. Il est bon que le prestige qui est attaché aux décisions judiciaires ne soit pas ébranlé par une impunité assurée au cas de désobéissance. D'autant plus que le manque de confiance dans le pouvoir du juge ferait naître une inquiétude générale dont la marche des affaires se ressentirait inévitablement. Ihéring dit qu'il faut attribuer aux dommages-intérêts une fonction pénale « dans l'intérêt du demandeur, et aussi dans l'intérêt de l'ordre juridique, afin que la loyauté et la probité dans les relations ne restent pas de vains mots [1]. »

Et puis, n'est-il pas en somme un peu humiliant, pour un magistrat, qui, ayant reçu de l'État la mission de rendre la justice aux particuliers, prononce une sentence qu'il croit en toute conscience l'expression du bon droit et de la vérité, d'assister à la rébellion quelquefois systématique d'un justiciable qui refuse de l'exécuter ? La résistance du débiteur ne peut que faire naître dans l'esprit du juge, qui pour être juge n'en est pas moins homme et, par suite, accessible à certains sentiments humains, non pas peut-être un ressentiment que doit exclure la qualité de sa fonction, mais au moins une pointe de dépit, un ennui à peu près inséparable d'une atteinte à l'amour-propre. Et ce dépit, grandissant à mesure que se prolonge la résistance, est traduit par des expressions à l'allure belliqueuse, qui sonnent étrangement dans la bouche d'un magistrat, c'est-à-dire d'un homme qui ne devrait jamais se départir de la modération la plus sage, de la sérénité la plus absolue. Les Arrêts parlent de « la résistance qu'il faut briser », de « la lutte qu'il faut soutenir », de « la victoire que le juge doit remporter sur l'obstination du débiteur. » Ainsi donc entre le débiteur récalcitrant et le juge, c'est une véritable lutte qui s'engage et dont le résultat doit être le triomphe de la justice. Si le débiteur cède, s'il s'avoue vaincu, le vainqueur pourra, selon les circonstances

---

[1] Ihéring. *Œuvres choisies*, t. II, p. 181.

du combat, en user généreusement avec lui et diminuer la rançon dont il l'avait d'abord menacé. Si le débiteur ne veut pas se rendre, il s'expose à des attaques désastreuses qui rendront sa victoire plus funeste que ne l'eût été une défaite opportune. Et les tribunaux semblent avoir à cœur de venir à bout de leur adversaire sans avoir recours à l'aide d'un tiers, ce qu'ils pourraient faire cependant, aux termes de l'Art. 1144, dans beaucoup de cas où il s'agit d'exécuter un fait non personnel, un acte fongible : cette lutte est un véritable duel.

Au respect des conventions et des décisions de justice, un troisième motif vient s'ajouter pour expliquer l'usage des astreintes : c'est la prise en considération du préjudice moral qu'une aggravation des dommages-intérêts servira, soit à éviter, soit à réparer. Légalement, l'inexécution d'une obligation ne donne lieu qu'à une indemnité représentant le préjudice matériel. Or, il peut arriver que ce préjudice matériel soit minime et même nul : la réparation sera insignifiante ou nulle, et pourtant le créancier pourra être très sérieusement atteint, sinon dans sa fortune, du moins dans son honneur ou dans son affection. Le débiteur lui aura causé un mal considérable et ne lui donnera qu'une indemnité dérisoire. C'est surtout en matière d'obligations légales, où l'intérêt moral tient une grande place, que la lacune du Code civil nous apparaît dans toute sa gravité. Une femme refuse, malgré l'ordre du tribunal, de livrer à son mari les enfants communs. Quel est le préjudice souffert par le mari ? Il est nul, si l'on considère l'atteinte matérielle

8

portée à sa fortune [1] : par suite, il n'a droit à aucune
réparation. Et pourtant, si l'on se place au point de
vue moral, le tort qu'il subit est énorme : il est privé
de l'affection des êtres qu'il aime et qui le chérissent.
N'est-ce pas pour lui un dommage sérieux qui demande
une réparation effective? La jurisprudence l'a ainsi
pensé, et elle a voulu combler la lacune du Code par le
moyen d'une condamnation à des dommages-intérêts
exagérés eu égard au préjudice matériel. Les tribunaux,
en la prononçant, poursuivent un double but : ils
cherchent d'abord à empêcher que le préjudice moral
ne se réalise, pour n'avoir pas plus tard à en
faire l'estimation, toujours très difficile; à cet effet, la
condamnation est une menace contre le débiteur qui
serait porté à enfreindre leurs ordres; puis, au cas
d'insuccès, ils aspirent, en maintenant le *quantum*
primitivement fixé, à donner une compensation au
créancier, à qui toutes les rigueurs de la justice n'ont
pas pu éviter les désavantages d'une inexécution.
L'excédent des dommages-intérêts, la différence entre
le préjudice matériel et l'indemnité accordée par les
tribunaux, revêt donc tour à tour deux caractères :
avant l'inexécution définitive par le débiteur, c'est un
moyen de contrainte; après, c'est la réparation du
préjudice moral. Le Procès de Beauffremont est
l'exemple le plus frappant de cette dualité. Les motifs
invoquent à la fois pour justifier une condamnation

---

[1] On peut même aller plus loin et dire qu'il y a tout
avantage pour le mari : il n'a pas à sa charge les frais de
nourriture, d'entretien et d'éducation de ses enfants.

excessive, et le besoin de vaincre la résistance du débiteur et la nécessité de réparer tout le préjudice
causé, préjudice matériel et préjudice moral.

Telles sont les considérations qui, après la lecture
des Arrêts, semblent être la cause finale de la théorie des
dommages-intérêts comminatoires. Le triple but poursuivi explique les moyens mis en œuvre pour l'atteindre.
L'explication nous paraît toutefois insuffisante. Ces
motifs dont nous venons de parler, ont existé en effet
de tout temps : les tribunaux ont toujours eu le désir
de faire respecter les conventions entre particuliers
aussi bien que les sentences judiciaires ; de tout temps
aussi la réparation du préjudice moral a été une question digne du plus grand intérêt. Et cependant jamais,
avant le commencement de ce siècle, on n'avait songé
en France à établir un système de contrainte indirecte
basé sur une condamnation à des dommages-intérêts
par jour de retard. Il ne suffit pas , croyons-nous ,
d'indiquer ce qu'a voulu la jurisprudence, il faut se
demander aussi pourquoi elle l'a voulu. Par suite de
quelles circonstances a-t-elle été amenée à créer un
moyen nouveau pour obtenir l'exécution en nature ?
Pourquoi ce moyen n'a-t-il pas existé dans l'ancien
Droit, alors que le but existait déjà ? Après la cause
finale, essayons de découvrir la cause occasionnelle.

Les changements qui se produisent dans le Droit
positif d'un pays ont nécessairement leur origine dans
des changements analogues que subissent les mœurs,
les institutions politiques, sociales ou économiques, la
civilisation en général de ce même pays : le Droit,

a-t-on dit, est le reflet des mœurs. Le rapport entre
les deux est frappant en Droit criminel : quand un
délit nouveau est créé, entraînant avec lui la création
d'une peine nouvelle, c'est que l'on se trouve à une
époque où le fait incriminé, que l'on n'avait pas cru
jusque-là devoir réprimer, parce qu'il était à la fois
très rare et sans importance, est devenu un véritable
danger pour la société, par sa fréquence et par son
caractère [1]. Il en est de même en Droit civil. Si l'on
étudie, par exemple, les lois successorales de la période
intermédiaire, ces machines à broyer le sol, comme
on les a appelées, on trouve dans ce désir de morcelle-
ment à outrance l'image des tendances politiques de
l'époque, le « reflet » d'un amour excessif de l'égalité.

Quelquefois la loi est en retard sur les mœurs, sur la
civilisation, sur l'état général d'une société ; les modifications législatives deviennent de jour en jour chose
plus rare et plus difficile, soit que les lois existantes se
maintiennent par la force des traditions, soit que le
législateur ne consacre pas à ce travail de réformation
toute l'attention et tout le temps qu'il demanderait. Et
alors la jurisprudence fait parfois ce que le législateur
devrait faire : elle met le Droit au niveau des mœurs.
C'est ce qui s'est produit en matière d'astreintes comminatoires. Dans l'ancien Droit, on n'avait pas senti

---

[1] C'est ainsi que l'on explique les lois nouvelles sur les asso-
ciations des malfaiteurs et sur la détention des explosifs,
modifiant les Art. 265, 266, 267 du Code pénal et l'Art. 3 de
la Loi du 19 Juin 1871.

le besoin de recourir à ce moyen de contrainte qui visait l'exécution des obligations et des jugements. Si aujourd'hui il est, au contraire, en honneur, c'est que les inexécutions dòivent être plus fréquentes qu'autrefois. Elles le sont en effet, et elles devaient l'être pour plusieurs motifs :

A ne considérer que les obligations de faire conventionnelles, deux raisons principales expliquent l'augmentation du nombre des inexécutions. En premier lieu, l'accroissement considérable du chiffre des obligations qui est une conséquence naturelle des progrès immenses de la civilisation pendant ce siècle. Les inventions nouvelles ont fait naître des besoins et des rapprochements nouveaux : avec la création des chemins de fer, par exemple, que de contrats, que d'obligations ont apparu, ayant leur source dans les rapports entre les compagnies et les particuliers [1] et qui n'existaient pas auparavant. Les progrès de la science ont trouvé un écho dans les progrès de l'art ; les productions intellectuelles ne sont pas demeurées en retard sur les productions industrielles et ont donné lieu aussi à un grand nombre de liens juridiques inconnus, ou du moins très rares, au siècle dernier. Les contrats avec un éditeur pour la mise en vente d'un ouvrage, avec un marchand pour l'exposition d'un tableau, avec un directeur de théâtre pour l'exécution d'une œuvre, avec un artiste pour l'attribution d'un

---

[1] S. 90, 1, 457 et S. 62, 2, 335.

certain rôle [1], ont pris un développement prodigieux.
Des trois facteurs de la production, la terre, le capital
et le travail, les deux derniers ont acquis une importance considérable. Le travail sous toutes ses formes,
travail d'invention, travail d'exécution et travail de
direction joue aujourd'hui un rôle prépondérant. Or,
le travail est la source des obligations de faire auxquelles s'applique plus particulièrement le système
des astreintes. Les engagements sont devenus plus
nombreux : les violations en sont par là même plus
fréquentes.

En second lieu, le nombre des inexécutions s'est
accru, parce que le sentiment de la liberté, qui n'avait
guère pu se faire jour pleinement sous l'ancienne
monarchie absolue, s'est manifesté, au lendemain de la
Révolution, avec une expansion telle, que le respect de
la justice a dû quelquefois en souffrir. Chacun s'est
cru son maître, en exagérant ou en modifiant les
principes libéraux de 1789 ; maint débiteur s'est ainsi
arrogé le droit d'agir à sa guise, au mépris d'un
engagement antérieur ou d'un ordre de justice. Les
tribunaux, à leur tour, soucieux aussi du respect de la
liberté individuelle, ont abandonné le plus souvent
l'exécution forcée directe et ont préféré recourir à des
moyens indirects, comme l'avaient fait déjà les magistrats romains. Enfin, le législateur lui-même, par une
série de dispositions postérieures au Code civil, a

---

[1] Affaire Rachel-Legouvé, Trib. de la Seine, 21 Octobre
1854. D. 54, 3, 80.

manifesté une tendance à enlever au créancier les moyens d'exécution directs et sûrs. C'est ainsi que l'institution de la liquidation judiciaire (Loi du 4 Mars 1889) est venue adoucir les effets de la faillite ; c'est ainsi, surtout, que la Loi du 31 Mai 1854, en abolissant la contrainte par corps en matière civile, a enlevé au créancier le moyen le plus efficace d'obtenir satis-faction.

Quant aux obligations légales, si leur nombre n'a pas varié, les cas d'inexécution n'en ont pas moins augmenté. Le relâchement des mœurs en est une des principales causes. Au siècle dernier, la bourgeoisie et le peuple avaient à un plus haut degré qu'aujourd'hui le sentiment des devoirs de famille ; le culte du foyer était plus respecté. D'un autre côté, la difficulté des voyages favorisait le maintien de la vie intime. Et puis, les principes religieux qui consacraient l'indissolubilité du mariage étaient en honneur et retenaient les époux dans la bonne voie. Telle femme mariée qui n'eût pas hésité à violer les règles du mariage, union civile, se conformait aux prescriptions de la loi religieuse, qui enjoint à la femme de cohabiter avec son mari. Quant à l'aristocratie, à la haute société d'alors, absorbée par la vie de salon, elle se souciait fort peu de la vie de famille. Il existait le plus souvent entre les époux une sorte de « divorce moral [1] », une séparation acceptée de part et d'autre qui rendait les ruptures d'autant plus

---

[1] Taine. *Origines de la France contemporaine, l'Ancien Ré-gime,* p. 170 et ss.

rares, qu'elles étaient effectivement continuelles. L'insouciance de la société frivole de ce temps s'accommodait
fort bien de cet état de choses, et le législateur ou les
tribunaux eussent été mal venus à donner à l'époux délaissé une protection qu'il ne demandait pas. D'ailleurs
les moyens de transport étaient alors très rudimentaires;
la fuite de l'époux coupable ne pouvait être ni très
rapide ni bien cachée; le passage à l'étranger n'offrait
pas la même facilité qu'aujourd'hui, et il était en somme
permis de découvrir sans trop de peine, dans l'étendue
du territoire français, le conjoint qui s'était enfui du
domicile conjugal.

De nos jours, au contraire, et c'est là une deuxième
cause de la fréquence des inexécutions, la distance qui
sépare de l'étranger n'importe quel point de la France,
peut être franchie en quelques heures. Si on n'accepte
plus avec la même douce philosophie qu'autrefois la
rupture des liens du mariage, la désertion du foyer
conjugal par l'un des époux, elle n'a toujours pas le
mérite de la rareté et elle présente, en outre, moins de
difficultés que jadis. Une femme est condamnée à restituer au mari les enfants qu'elle détient injustement:
elle les emmène avec elle, en Allemagne, par exemple
(Affaire de Beauffremont), et là, les agents de la force
publique, qui auraient pu, en France, faire exécuter
le jugement, n'auront plus aucune autorité.

Sans doute, on a comme suprême ressource la faculté
de demander aux tribunaux étrangers qu'ils accordent
l'*exequatur* du jugement français. Mais comme, en
l'absence de tout traité diplomatique, la demande

d'*exequatur* des décisions rendues par les tribunaux français nécessite leur révision par les tribunaux étrangers, l'obtention de l'*exequatur* est en tout cas douteuse ; quelquefois même elle est impossible de prime abord, comme dans l'Affaire de Beauffremont. Un premier jugement prononçant la séparation de corps entre le Prince et la Princesse avait confié la garde des deux enfants communs à cette dernière. Ce n'est qu'après la naturalisation de la Princesse et le nouveau mariage contracté par elle en Allemagne, qu'un deuxième jugement intervint en France pour donner au Prince la garde des enfants et en ordonner la restitution par la Princesse. Les juges allemands ne pouvaient, dans l'espèce, accorder l'*exequatur* de cette dernière sentence qui désapprouvait implicitement un principe juridique en honneur dans leur pays : l'assimilation de la séparation de corps au divorce, rendant possible pour la femme séparée un second mariage, du vivant même du premier mari.

Pour nous résumer sur les causes de la théorie des astreintes, nous rappellerons qu'il faut distinguer la cause finale de la cause occasionnelle. La première comprend un ensemble de trois chefs : le respect des conventions, le respect des décisions de justice, la prise en considération du préjudice moral. La deuxième, il faut la voir dans la fréquence des inexécutions due : pour les obligations conventionnelles, à l'augmentation du nombre des contrats et à un sentiment de liberté exagéré; pour les obligations légales, au relâchement des mœurs et à la facilité des transports internationaux.

Tout cela nous explique bien la raison d'être, l'utilité de l'emploi des dommages-intérêts comme moyen de contrainte, mais cela suffit-il pour le justifier? Le système des astreintes est admissible en pratique : l'est-il au point de vue légal?

TROISIÈME PARTIE

CRITIQUE DU SYSTÈME

SOMMAIRE : La jurisprudence, en admettant l'emploi de la contrainte indirecte, ne viole pas l'Art. 1142.

Lorsque la jurisprudence, après avoir adopté une théorie, lui est fidèle depuis plus d'un demi-siécle et qu'elle semble ne pas devoir encore l'abandonner de sitôt, on voudrait pouvoir la justifier, l'approuver sans réserve, car il est à peu près certain qu'elle répond à des besoins pratiques plus ou moins impérieux. Les tribunaux français en général, la Cour de Cassation en particulier, sont revenus bien souvent sur des opinions qu'ils avaient auparavant consacrées, et ont même quelquefois, par une volte-face nouvelle, redonné leur préférence à un système qu'ils avaient déjà tour à tour accepté et rejeté. En pareil cas, il est bien permis de n'accueillir que sous bénéfice d'inventaire la théorie de la jurisprudence qui a subi, dans un temps plus ou moins long, des évolutions successives. Sans doute, elle peut bien être, cette fois, définitivement fixée, conforme au texte de la loi et aux principes du Droit; mais quand il s'agira de l'analyser, de la discuter, de l'apprécier, on n'en usera pas moins avec une grande circonspection. La théorie des astreintes commina-

toires, elle, n'a jamais varié, du moins dans son principe. Dès 1824 elle était ébauchée par la Cour de
Cassation, et depuis lors, elle n'a pas cessé de triompher,
en s'accentuant de plus en plus avec le temps. *A priori*
donc, il semble qu'on doive l'admettre en toute confiance,
les yeux fermés, pour ainsi dire : son ancienneté nous
doit être un fort garant de sa valeur juridique. Mais, à
bien l'examiner, on est obligé de reconnaître que son
succès est dû plutôt à ses avantages pratiques qu'à son
fondement légal. Le but que poursuit la jurisprudence
est sans doute fort louable. Mais les moyens qu'elle met
en œuvre nous semblent être en désaccord avec les
principes et le texte de notre Droit positif, avec les règles
de notre Code civil. Nous n'avons, pour nous en assurer,
qu'à passer en revue les divers éléments qui constituent
la théorie des astreintes, les principaux caractères qui
la distinguent. Notre critique portera ainsi tour à
tour :

1° Sur le rôle attribué aux dommages-intérêts ;

2° Sur leur caractère pénal ;

3° Sur leur caractère arbitraire ;

4° Sur l'assimilation du refus au retard ;

5° Sur le caractère comminatoire de la condamnation.

Et d'abord, on a fait au système de la jurisprudence
un reproche qui nous paraît immérité. M. Demolombe [1]
soutient qu'il est contraire aux dispositions de l'Article
1142. Aux termes de cet article, « toute obligation

---

[1] Demolombe. Cours de Code Napoléon, t. XXIV, p. 486.

de faire ou de ne pas faire se résout en dommages-intérêts en cas d'inexécution de la part du débiteur. » La rédaction en est évidemment défectueuse ; pris à la lettre, il aurait une portée beaucoup trop large : il suffirait au débiteur, semble-t-il à une première lecture, de manifester son refus, pour qu'aussitôt son obligation se transformât en une dette d'argent. En réalité, cet article a une portée plus restreinte ; l'exécution par équivalents ne sera pratiquée que si l'exécution en nature est rendue impossible, c'est-à-dire si elle doit donner lieu à des violences sur la personne du débiteur. D'ailleurs les Articles 1143 et 1144 qu'il ne faut pas séparer de l'Art. 1142, prouvent bien qu'il est permis d'obtenir l'exécution en nature malgré le refus du débiteur. En outre, l'Art. 1142 n'est que la traduction de l'adage *nemo præcise cogi potest ad factum*, et Pothier nous dit : « la règle *nemo præcise* n'a d'application qu'à l'égard des obligations qui ont pour objet quelque acte corporel de la personne du débiteur auquel il ne pourrait être contraint sans qu'on attentât à sa personne et à sa liberté [1]. » M. Demolombe accepte cette restriction apportée à l'Art. 1142 et il va même plus loin : d'après lui, l'Art. 1142 n'admet pas plus la contrainte indirecte que la contrainte directe pour arriver à l'exécution en nature ; la jurisprudence en l'admettant fait donc échec à cet article.

Mais nous avons vu que, le plus souvent, les astreintes

---

[1] Pothier. *Traité du louage,* N° 66.

sont appliquées comme sanction d'une obligation non personnelle ; dans ces hypothèses qui sont les plus nombreuses, l'Art. 1142 ne peut être mis en cause, puisqu'il vise seulement les obligations personnelles ; on ne pourrait donc tout au plus affirmer qu'il a été violé que dans les cas assez rares où il s'agit d'obligations de ce genre. Mais, même alors, nous croyons que rien dans le texte ou dans l'étude des sources de l'Article 1142 ne vient à l'appui de cette assertion. L'Art. 1134 recommande l'exécution en nature, conformément au principe actuel de la condamnation *ad rem* : elle doit être poursuivie par tous les moyens, dans les limites de la loi ; or, ce que la loi défend, implicitement du reste, dans l'Article 1142, c'est la contrainte physique sur la personne et non pas la contrainte pécuniaire sur les biens.

Aucun texte, aucun principe juridique ne s'oppose à l'application de la contrainte indirecte. Aussi n'est-ce pas sur ce point que porteront nos critiques. Ce n'est pas sur l'emploi de la contrainte en général que nous allons discuter, mais sur l'emploi d'un mode de contrainte déterminé : la condamnation à des dommages-intérêts par jour de retard. La jurisprudence, par le moyen des astreintes, obtient des résultats satisfaisants ; l'œuvre finale est bonne, le plan général qu'elle a suivi, — la contrainte indirecte, — est conforme aux règles de l'art : l'instrument seul est défectueux.

CHAPITRE Ier

CRITIQUE DU RÔLE DES DOMMAGES-INTÉRÊTS

SOMMAIRE : La jurisprudence change la destination des dommages-intérêts qui ont été compris par le Code comme un moyen de réparation et non pas de contrainte.

Nous avons déjà vu [1] quelle était la destination donnée par le Code aux dommages-intérêts : réparer le préjudice causé par l'inexécution ou le retard, servir d'équivalent à l'objet de l'obligation que l'on n'a pu obtenir. Les Articles 1142, 1147, 1149 sont formels à ce sujet. La jurisprudence leur reconnaît en outre un caractère bien différent, celui de moyen de contrainte. Ce changement de rôle, ou plutôt cette extension est-elle admissible ? Nous ne le croyons pas. Lorsque le législateur assigne à une institution juridique une fonction déterminée, on ne peut l'investir plus tard d'une seconde sans lui enlever ce cachet primitif qui lui avait été imprimé dès son apparition, sans la défigurer en quelque sorte. Il est permis d'opérer quelque changement à la loi par voie d'interprétation, mais non pas au point de la rendre méconnaissable.

Nous ne voudrions pas que l'on nous reprochât de

---

[1] *V.* p. 36.

nous attacher exclusivement au texte et de penser
qu'un Article du Code doit toujours conserver, jusqu'à
son abrogation, la même signification stricte. Nous
croyons que l'œuvre du législateur de 1804, à laquelle
on n'a fait depuis sa création que des retouches
insuffisantes, est actuellement incomplète sur certains
points et inexacte sur d'autres ; elle n'est plus, en un
mot, en parfaite harmonie avec nos besoins, nos
mœurs, nos institutions ; d'un autre côté, les ré'ormes
législatives, celles du moins qui ont trait au Code
civil, sont bien rares. En présence d'une situation
pareille, il est bon que le juge puisse, dans la sage
mesure de son pouvoir, combler les lacunes de la loi
et corriger ses inexactitudes, en invoquant la loi elle-
même, par une interprétation conforme aux exigences
de l'époque. Le législateur, en donnant à certaines de
ses prescriptions un sens déterminé, n'a pas entendu
le leur donner d'une manière irrévocable, et ce n'est
pas lui faire injure que de le modifier dans la suite,
si la modification répond à un changement dans les
idées et dans les mœurs, et si elle ne va pas manifestement contre l'intention du législateur. Sans doute, un
remaniement de la loi serait préférable et éviterait
toute difficulté, mais, faute de mieux, et pour préparer
ce remaniement, il faut approuver les efforts de la
jurisprudence qui essaie de mettre au niveau d'une
civilisation nouvelle et toujours en progrès, des lois
anciennes et démodées. Le texte de la loi est une
enveloppe et son esprit est la substance qu'elle re-
couvre ; l'enveloppe est élastique et peut cacher suc-

cessivement des substances diverses ; mais encore faut-il que le contenu ne soit pas, comparé au contenant, d'une disproportion telle que l'enveloppe éclate, malgré sa souplesse et son élasticité. Or, prétendre que les dommages-intérêts peuvent avoir un caractère pénal et coercitif, c'est donner à la loi un esprit évidemment trop en désaccord avec les textes des Art. 1142, 1147, 1149, et avec les traditions de l'ancien Droit. La jurisprudence a le droit de contraindre indirectement le débiteur à l'exécution de ses engagements : mais elle n'a pas le droit de faire servir à cet usage les dommages-intérêts qui ont été institués non pas pour contraindre mais pour réparer, dont la fonction est d'indemniser le créancier du préjudice souffert et non pas « de se mesurer à la force de résistance et à l'importance des revenus de la partie en demeure de s'exécuter [1]. »

Ce changement du rôle des dommages-intérêts est le point de départ des critiques sérieuses que l'on peut adresser au système des astreintes. La destination n'étant plus la même, la fonction ayant varié, les caractères ont dû changer aussi. Au lieu de dommages-intérêts modérés, adéquats au préjudice causé et prononcés d'une manière définitive, nous avons des dommages-intérêts excessifs, revêtant un caractère pénal, et alloués seulement à titre comminatoire. Ces caractères nouveaux qui sont le résultat de la fonction nouvelle, constituent les deux principaux griefs relevés contre la théorie de la jurisprudence.

---

[1] D. 78, 2, 125.

CHAPITRE II

CRITIQUE DU CARACTÈRE PÉNAL

SOMMAIRE : La jurisprudence crée une peine alors qu'il n'y a pas de délit, — et qu'il n'y a pas de texte, — c'est une peine privée. — Une conséquence du caractère pénal, la prise en considération de la bonne foi du débiteur pour diminuer le taux des dommages ou les supprimer est contraire à l'Art. 1147.

La jurisprudence reconnaît aux dommages-intérêts le caractère pénal [1] ; les tribunaux infligent au débiteur coupable d'une résistance injuste une véritable peine. Et aussitôt se posent deux questions : où est le délit, cause rationnelle de toute peine ; où est le texte qui la justifie au point de vue légal ?

En premier lieu, quel est le délit que veut réprimer le juge ? Est-ce celui qui résulterait de l'inexécution dolosive du contrat par le débiteur ? Mais les manœuvres frauduleuses de celui-ci ne peuvent pas faire disparaître le caractère conventionnel attaché à l'obligation. Si le dol apporte une modification dans les rapports entre parties, ce n'est pas en changeant la nature de la dette qui de contractuelle deviendrait délictuelle, mais en augmentant le *quantum* des dommages-intérêts qui reste néanmoins parfaitement déterminé (Article 1151) : l'inexécution dolosive d'un

---

[1] *V.* p. 56 et ss.

contrat n'est pas un délit ; c'est dans ce sens que s'est prononcée d'ailleurs la Cour de Cassation [1].

Faut-il voir le délit dans le fait pour le débiteur de désobéir aux ordres de la justice ? Pas davantage. L'obligation qui résultait du contrat, antérieurement à tout jugement, était une obligation civile ; le jugement n'a pu avoir pour conséquence d'en faire une obligation délictuelle, car il n'a qu'un effet déclaratif : il ne crée pas un droit nouveau, mais il confirme un droit existant. L'inexécution du contrat n'étant pas un délit, l'inexécution du jugement qui reconnaît une obligation de même nature que le contrat ne sera pas non plus un délit. Les tribunaux, du reste, n'ont pas le pouvoir de donner à un fait la qualité d'infraction punissable : c'est à la loi seule qu'il appartient.

En second lieu, peut-il être question de peine ? Comme l'infraction, la peine ne peut émaner que de la loi. Le grand principe qui est à la base du Droit criminel est ainsi conçu : pas de peine sans texte. Il est nécessaire que, lorsqu'un individu commet un acte incriminable, il soit averti, d'ores et déjà, qu'il tombe sous le coup d'une loi existante qui le réprime. Si la distinction entre le bien et le mal n'est pas toujours facile, la distinction entre le mal qu'il faut punir publiquement et le mal qui comporte seulement une sanction morale l'est encore moins ; elle varie suivant les époques et suivant les pays. L'absence d'une loi l'établissant bien clairement serait une cause d'incer-

---

[1] *V.* S. 86, 1, 1.

titude et d'arbitraire d'autant plus regrettable qu'il pourrait en dépendre non seulement la fortune mais la liberté, mais la vie des particuliers. Or, où est le texte ici ? On ne le trouvera dans aucun Code, dans aucun recueil de lois. Faut-il le voir dans le jugement même qui condamne le débiteur, qui l'avertit de la peine encourue en cas de désobéissance ? Plus tard, sans doute, le débiteur ne pourra prétexter qu'il a été pris au dépourvu [1] ; mais en vertu de quel principe les tribunaux se reconnaissent-ils le droit de faire la loi ? Il n'entre nullement dans leurs attributions de se créer des armes nouvelles ; ils ne peuvent que se servir de celles qui existent déjà. Le pouvoir judiciaire applique aux particuliers les lois que le pouvoir législatif seul a mission d'élaborer.

Dire qu'un jugement peut tenir lieu de texte de loi, n'est-ce pas porter atteinte à la séparation des pouvoirs ? N'est-ce pas aussi violer l'Art. 5 du Code civil, qui défend aux juges de prononcer par voie de disposition générale et réglementaire ? Les tribunaux commettent ce que la Cour de Bruxelles a si justement appelé « une usurpation du droit de punir [2]. »

On a dit aussi, pour défendre le système de la jurisprudence, que les contractants peuvent stipuler une véritable peine, — le nom même de clause pénale l'indique, — contre celui d'entre eux qui ne tiendrait pas ses engagements. Lorsque, volontairement ou non, ils

---

[1] C. de Paris, 13 Février 1877. D. 78. 2, 125.
[2] S. 82, 2, 81.

en ont omis l'insertion dans le contrat, pourquoi les tribunaux ne répareraient-ils pas une omission ou bien involontaire, ou bien due à une confiance que l'avenir a prouvé être mal placée. Pourquoi n'admettrait-on pas l'emploi d'une clause pénale judiciaire ? Mais, répondrons-nous, la partie qui, ayant la faculté de stipuler une clause pénale, ne l'a pas fait doit supporter les suites de son imprudence ou de sa négligence. D'ailleurs les principes s'opposent à ce que le juge se mette aux lieu et place des contractants. La clause pénale est une institution essentiellement convention-nelle : la volonté des parties est nécessaire et suffisante pour la créer. C'est une matière fermée à la compé-tence du juge qui doit, quand elle existe, en respecter les dispositions (Art. 1152, Cod. civ. [1]) et qui ne peut, quand elle n'existe pas, que regretter son absence, sans avoir le droit de la créer lui-même [2].

Il est à remarquer que cette peine nouvelle créée par la jurisprudence présente un aspect tout parti-culier. Les condamnations pécuniaires prononcées à titre pénal profitent aujourd'hui à l'État : elles ont pour but de réprimer une offense faite à la société ;

---

[1] Nous avons vu (p. 29) que dans l'ancien Droit, au contraire, le juge pouvait réduire ou même augmenter le taux des dommages-intérêts fixé par la clause pénale.

[2] Un Arrêt de Cassation (S. 35, 1, 39) admet la clause pé-nale judiciaire : Un deuxième jugement réduit la peine pro-noncée par le premier, sous prétexte qu'il y a eu exécution partielle, et en invoquant l'Art. 1231 du Code civil, applicable seulement en matière de clause pénale.

ce n'est pas un seul membre qui doit en bénéficier, mais bien la société tout entière. De même qu'il n'y a plus de délits privés, de même il ne saurait y avoir de peine privée. L'ancienne distinction romaine de la *pœna,* amende dans l'intérêt de l'État, et de la *multa,* amende au profit des particuliers, a depuis longtemps disparu : la *pœna* seule, la peine publique, a survécu. Quand un individu est condamné à payer à un autre une somme d'argent, ce n'est pas à titre de répression mais à titre de réparation. La jurisprudence a donc fait un pas en arrière en revenant à la peine privée d'autrefois; et il est incontestable que nous sommes en présence d'une peine privée : d'un côté, en effet, les tribunaux prononcent une condamnation à laquelle ils reconnaissent un caractère pénal, et, d'un autre côté, le montant de la condamnation échoit à la victime du prétendu délit. Or, en l'état de notre législation actuelle, c'est là un véritable non-sens.

La jurisprudence, pour l'estimation des dommages-intérêts comminatoires, part de cette idée qu'ils constituent une peine contre le débiteur récalcitrant. Étant donné ce point de départ, elle est obligée d'en respecter toutes les conséquences, et l'une d'elles consiste justement à prendre en considération, outre la faute du débiteur, sa bonne ou sa mauvaise foi ; elle fait un grand cas des efforts que le débiteur malheureux a pu faire, elle tient compte de sa bonne volonté [1]. Comme le dit M. Meynial « On peut n'avoir pas exécuté, sans

---

[1] *V.* S. 35, 1, 39; D. 50, 2, 66; S. 69, 1, 173.

que cependant la condition de faute soit entièrement
arrivée et les dommages encourus pour le tout. Il suffit,
pour être absous, qu'on ait fait son possible pour exécuter, et le montant de la condamnation varie suivant
qu'on a plus ou moins strictement fait son devoir [1]. »
Or, un texte parfaitement clair et explicite, l'Art. 1147 du
Code civil, est ainsi conçu : « Le débiteur est condamné,
s'il y a lieu, au paiement de dommages–intérêts.....
toutes les fois qu'il ne justifie pas que l'inexécution
provient d'une cause étrangère qui ne peut lui être
imputée, encore qu'il n'y ait aucune mauvaise foi de
sa part. » En d'autres termes, le juge doit condamner
à des dommages-intérêts le débiteur inexécutant, sauf
dans la double hypothèse de cas fortuit ou de force
majeure, sans avoir à se préoccuper s'il a été ou non
de bonne foi. Un fait matériel existe : le préjudice
souffert ; il demande une réparation. Comme le dit
Pothier, il suffit que la chose fût possible en soi, pour que
le créancier ait été en droit de compter sur l'exécution
de ce qu'on lui promettait. C'est le débiteur qui est en
faute de n'avoir pas bien examiné, avant de s'engager,
s'il était en son pouvoir d'accomplir ce qu'il promettait.

L'intention du débiteur n'exercera quelque influence
sur la condamnation que s'il y a dol (Art. 1151).
Mais si la question de dol n'est pas agitée, peu im-
portent sa bonne volonté et les efforts qu'il a faits pour
exécuter son obligation. N'est-ce pas la contre-partie
du système de la jurisprudence ?

---

[1] Meynial, p. 462.

On objecte que si la bonne foi, d'après l'Art. 1147,
n'est pas un motif suffisant pour écarter une condamnation à des dommages-intérêts, elle doit au moins
être une cause d'atténuation du *quantum* [1] : cela n'est
pas contraire à l'Art. 1147 ; le Code lui-même, dans
les Art. 1150 et 1151, fixe le chiffre des dommages
d'après la conduite du débiteur ; en outre, la loi donne
au juge un pouvoir d'appréciation très étendu en cette
matière ; et enfin cela est conforme à l'équité.

On pourrait d'abord discuter cette opinion. Si l'Article 1147 ne défend pas explicitement de prendre en
considération la bonne foi du débiteur pour le calcul des
dommages-intérêts, il ne le prescrit pas davantage, pas
plus que les autres articles de la section IV [2]. — Quant
au rapprochement avec les Art. 1150 et 1151, il n'est
pas probant. La différence d'évaluation en cas d'inexécution dolosive est sérieusement justifiée. Sans parler
du texte qui est péremptoire, il faut remarquer, en effet,
que « le dol établit contre celui qui le commet une
nouvelle obligation différente de celle qui résulte du
contrat ; cette nouvelle obligation n'est remplie qu'en
réparant tout le tort que le dol a causé [3]. » Lorsque le
débiteur, par des manœuvres frauduleuses, se soustrait

---

[1] *Sic.* Demolombe. *Cours de Code Napoléon,* t. XXIV,
p. 541 ; Larombière, t. I, Art. 1147.

[2] *V.* Notamment l'Art. 1149, qui indique la manière nor-
male d'évaluer les dommages-intérêts.

[3] Bigot Préameneu. Exposé des motifs. (Fenet, tome XIII,
p. 233.)

à l'exécution, il s'oblige, *nolit velit,* à fournir au créancier un supplément de réparation dont le taux échappe à l'arbitraire, puisqu'il est déterminé expressément par l'importance des dommages non prévus. — Le juge a aussi un pouvoir d'appréciation indiscutable, mais va-t-il jusqu'au droit de faire entrer en ligne la bonne ou la mauvaise foi du débiteur, ou bien ne doit-il pas seulement porter sur les deux points suivants : un préjudice est-il réellement souffert, quelle en est la valeur objective ? — Enfin il paraît, il est même juste, dans un sens, de traiter avec plus de douceur le débiteur consciencieux dans son malheur, que le débiteur infidèle sans motifs à la parole donnée. Et cependant, d'un autre côté, si l'on considère la situation faite au créancier, il faut bien convenir que, la bonne foi ne diminuant en rien le préjudice par lui subi, il n'est pas équitable de lui imposer une atténuation dans la réparation. Il n'a rien à se reprocher pour sa part, tandis que le débiteur est en faute « de n'avoir pas bien examiné, avant de s'engager, s'il était en son pouvoir d'accomplir ce qu'il promettait.» D'ailleurs, si la bonne foi est sans effet pour empêcher la condamnation à des dommages-intérêts, et cela est indiscutable aux termes de l'Article 1147, pourquoi compterait-elle pour l'évaluation? Il n'y a pas de raison, en bonne logique, pour en tenir compte dans un cas plutôt que dans l'autre.

Les dispositions du Code en matière d'inexécution sont bien nettes : ou bien il y a cas fortuit et le débiteur est libéré, ou bien il y a faute du débiteur ; et, dans cette dernière hypothèse, ou bien l'inexécution est dolosive, et alors il y a une aggravation du dommage à réparer, ou bien il y a simple faute, et dans ce cas les dommages-intérêts doivent être calculés, sans distinction de bonne ou de mauvaise foi, suivant les prescriptions de l'Art. 1149.

Mais admettons, pour un instant, la théorie de MM. De-molombe et Larombière qui justifierait la réduction du taux de la réparation quand le débiteur est de bonne foi [1]. Le juge, en vertu de son pouvoir d'appréciation, pourra diminuer le chiffre des dommages alloués, mais il ne lui sera pas permis du moins d'en exonérer complè-tement le débiteur. Or, la jurisprudence des astreintes comminatoires nous fournit plusieurs exemples d'Arrêts où la diminution apparente est en réalité une véritable suppression. Nous en citerons deux. Un Arrêt de la Cour de Cassation déjà ancien (S. 35, 1, 39) décide que les dommages-intérêts alloués pour inexécution d'une obligation de délaisser un immeuble et de faire des réparations ne sont plus dus à partir du jour où le débiteur a fait des offres même insuffisantes, « attendu que la nullité pour insuffisance des offres ne détruit pas le fait bien constant des efforts qu'ont fait les dé-fendeurs pour se libérer des condamnations dont ils étaient l'objet. » Et, par suite, du jour où les offres ont été faites jusqu'au jour de l'exécution réelle, le débiteur ne paiera au créancier aucune indemnité. Il ne peut

---

[1] Cette théorie laisserait toujours sans réponse un autre grief que nous examinerons plus loin : l'atteinte portée à l'autorité de la chose jugée.

pas être question ici d'une diminution des dommages-intérêts : c'est une véritable exonération contraire à l'Art. 1147.

Un Arrêt de la Cour de Douai (D. 50, 2, 66) est conçu dans le même sens. Une décision du Tribunal de Dunkerque avait condamné un individu à délaisser un terrain, à ne pas se livrer à l'exploitation d'un bac et à payer en outre une somme de 5 francs par jour de retard ; la condamnation avait, aux termes mêmes du jugement, le caractère d'une peine. Entre le jugement et l'Arrêt, le Préfet du Nord avait formé tierce opposition, en prétendant que l'État était propriétaire du terrain, puis il s'était désisté. La Cour décida que les dommages-intérêts ne seraient plus dus par le défendeur du jour de la tierce opposition : dès ce moment, il est bien certain qu'il n'y avait pas diminution du taux des dommages, mais bien suppression complète : « Attendu, disent les motifs, que les héritiers du débiteur ont exécuté, autant qu'il était en eux, les prescriptions du jugement de 1843; qu'ils ont voulu abandonner l'exploitation; qu'en la continuant, ils n'ont fait que se soumettre aux injonctions de l'autorité administrative. » Ces motifs semblent justifier l'Arrêt de la Cour de Douai, mais ils sont discutables. Les héritiers n'ont pas exécuté, cela est admis. En ont-ils été empêchés par un cas fortuit ou par un cas de force majeure ? L'Arrêt parle d'injonctions de l'autorité administrative ; ce serait là un cas de force majeure « par le fait du Prince.» Mais peut-on appeler injonctions le fait d'avoir recouru à la tierce opposition ? La simple intervention du Préfet au procès n'était pas un obstacle suffisant à l'exécution du jugement de Dunkerque. Si les héritiers « avaient bien voulu abandonner l'exploitation du bac », ils auraient pu le faire : ils obéissaient ainsi au tribunal et ils ne violaient, d'autre part, aucun engagement.

Donc la jurisprudence et le Code exigent, pour que des dommages-intérêts soient accordés, qu'il y ait faute du débiteur. Le Code n'admet qu'une excuse de l'inexécution : c'est le cas fortuit ou la force majeure. Les tribunaux en admettent une autre : la bonne foi du débiteur. Ils l'invoquent, soit pour diminuer, soit pour refuser les dommages-intérêts, — et ils sont logiques avec eux-mêmes si l'on songe qu'ils posent en principe le caractère pénal de la condamnation pécuniaire. — Nous leur en faisons un reproche dans les deux cas, et surtout dans le deuxième, car ils font échec à l'Art. 1147.

Quand on est amené à constater que la conséquence immédiate d'un principe est contraire au texte de la loi, c'est que le principe lui-même n'a pas été admis par le législateur, c'est qu'il est illégal.

CHAPITRE III

CARACTÈRE ARBITRAIRE DE LA CONDAMNATION

SOMMAIRE : La jurisprudence crée une peine arbitraire, —
qui n'est ni certaine, ni égale.

La peine créée par la jurisprudence ne reposant sur
aucun texte n'est pas admissible. Bien plus, supposons
pour un instant qu'elle ait un fondement légal : elle
n'en prêtera pas moins le flanc à la critique par les
caractères qu'elle présente. Non seulement cette peine
n'a pas une existence juridique, mais encore, s'il en
était autrement, on devrait la supprimer ou la modifier,
parce qu'elle ne remplit pas les conditions d'une bonne
peine, parce qu'elle est arbitraire.

Une bonne peine doit être certaine, c'est-à-dire déterminée à l'avance quant à sa nature et quant à son
taux par le texte qui lui donne la vie juridique. Il ne
faut pas, en effet, que le juge puisse, en toute liberté,
au gré de son caprice, fixer la répression d'un fait
incriminé ; sinon, pour une même infraction, il risquerait fort d'y avoir autant de peines que de juges ;
en outre, la gravité de la répression, en dépit de l'im-
partialité et de la sagesse qui sont l'apanage de nos
magistrats, pourrait bien varier suivant les circonstances et les personnes. Une telle variabilité serait défectueuse. La détermination du taux de la peine par le

législateur est plus ou moins stricte selon les cas. Tantôt
le juge, étant donnée une infraction, sera tenu d'appliquer invariablement la même peine, tantôt il pourra
se mouvoir entre un maximum et un minimum établis
par la loi. Il aura une liberté d'appréciation plus ou
moins grande mais jamais absolue.

Or, la peine instituée par la jurisprudence des astreintes n'est pas une peine certaine. Elle consiste, en
effet, dans le paiement d'une somme d'argent dont le
quantum n'est fixé, même de la manière la plus large,
la moins approximative, par aucun texte. Quand les
dommages-intérêts sont alloués à titre de réparation,
ils sont calculés d'après une base certaine d'appréciation qui est le préjudice causé. Mais quand ils sont
prononcés à titre de contrainte et de peine, ils ne peuvent
être évalués que d'après le bon plaisir du juge. Celui-ci,
dont le seul désir est de vaincre la résistance du débiteur,
les proportionne et à l'opportunité de cette résistance
et à la situation pécuniaire de celui qui l'oppose : avec
des points de repère aussi peu précis, on ne peut jamais
savoir à l'avance quelle sera la gravité de la peine;
cette incertitude est incompatible avec un bon système
de répression. Et puis, quand le débiteur entêté sera
possesseur d'une grande fortune, les tribunaux se
verront obligés, pour arriver à leurs fins, de prononcer
des condamnations à des sommes démesurées et pendant
un temps illimité. Le résultat sera une peine excessive,
c'est-à-dire une mauvaise peine. D'ailleurs si le juge
voulait, afin de faire cesser tous les inconvénients qui
proviennent d'une répression non certaine, fixer une

fois pour toutes un maximum et un minimum pour les divers cas d'inexécution, il ne le pourrait pas sans violer l'Art. 5 du Code civil [1]. Un jugement n'a d'autorité qu'en ce qui concerne l'espèce à propos de laquelle il a été rendu ; la solution qu'il donne ne s'imposera pas dans l'avenir aux espèces analogues.

Une bonne peine doit aussi être égale. Il ne suffit pas que le taux en soit fixé à l'avance et d'une manière définitive par la loi (peine certaine), il faut encore qu'il soit le même pour tous. L'égalité de la loi pénale n'a pas toujours existé [2] : elle date de la Révolution. Aujourd'hui elle est une conséquence nécessaire de notre organisation démocratique : un même délit entraîne une même répression, indépendamment de toute considération de personnes. Si nous examinons, après cela, la peine qui se cache sous la condamnation à des dommages-intérêts, nous constaterons qu'elle n'est pas plus égale que certaine. Il n'y a pour cela qu'à comparer deux cas d'inexécution identiques. Prenons, par exemple, les deux Arrêts de 1857 et de 1877 [3] qui se rapportent l'un et l'autre à l'obligation de restituer des enfants. Le premier condamne le défendeur, qui refuse de se

---

[1] *Sic*. Massin.

[2] Dans l'ancien Droit, le meurtre, par exemple, était puni diversement suivant que le coupable et la victime étaient des nobles ou des vilains. La même inégalité se retrouve du reste dans l'exécution de la peine, toujours au profit des plus forts : les condamnés à mort étaient décapités s'ils étaient nobles et pendus s'ils étaient vilains.

[3] S. 57, 1, 267 ; et D. 78, 2, 125.

soumettre, à une somme de 100 francs par jour de retard ; le second élève cette somme à 1,000 francs. L'inégalité dans la sanction est bien évidente ici et la différence de *quantum* qui la constitue est considérable [1]. Il ne peut pas en être autrement, si l'on songe au but poursuivi par la jurisprudence. Si, pour l'inexécution d'une même obligation, une même peine était encourue, elle serait inévitablement trop forte pour certains débiteurs pauvres qui ne pourraient pas quelquefois se libérer, et trop faible pour certains autres très riches qui la subiraient sans grand dommage, et, par suite, ne la regarderaient pas comme un moyen de contrainte sérieux.

La peine qui n'est pas certaine et qui n'est pas égale est une peine arbitraire, dont l'appréciation est tout entière laissée au juge. Sans doute, les magistrats à qui est accordée une liberté aussi complète chercheront toujours à ne pas en abuser, mais ils seront quelquefois entraînés trop loin, malgré eux ; et, tout en ayant l'intention louable de donner le dernier mot au bon droit, ils prononceront des condamnations excessives qui en seront la contre-partie. Un système qui admet ainsi l'arbitraire, en supposant même qu'il soit légal, ne peut être que défectueux.

---

[1] L'inégalité qui était, dans l'ancien Droit, tout au profit des privilégiés de la naissance et de la fortune, serait donc aujourd'hui à leur désavantage.

CHAPITRE IV

CRITIQUE DE L'ASSIMILATION DU REFUS AU RETARD

SOMMAIRE : La condamnation à tant par jour n'a de raison d'être
que s'il y a retard et non refus. — Absence d'un terme arrêtant
le cours des dommages. — Variation du taux des dommages avec
le temps. — *Quid* en matière d'obligations légales ?

Les tribunaux, quand ils se servent des dommages-
intérêts comme d'un moyen de contrainte, leur donnent
une destination que le législateur de 1804 n'avait pas
prévue. Quand ils les fractionnent en prestations quotidiennes, le refus d'exécuter étant parfaitement reconnu, ils méconnaissent une seconde fois l'esprit du
Code civil : le procédé des astreintes comminatoires
est aussi bien critiquable en la forme qu'au fond.

Lorsque le débiteur, laissant passer le jour indiqué
par le contrat n'exécute son obligation qu'un certain
temps après ; lorsque le juge, pour des raisons diverses,
a cru devoir lui accorder une prolongation, un délai
de grâce, alors on comprend que les dommages-intérêts soient fixés à tant par chaque jour de retard.
Le créancier, en effet, a subi un préjudice quotidien,
et le dommage définitif causé par le retard sera en
raison directe du nombre de jours qui se sont écoulés
depuis l'expiration du délai conventionnel ou pendant
le délai de grâce. Le préjudice est plus ou moins grand
suivant que le retard est plus ou moins long. Pour

calculer l'indemnité totale à laquelle il donnera lieu, il faut nécessairement prendre une unité de temps [1], déterminer le dommage souffert pendant cette unité et répéter le chiffre de la réparation qu'il comporte autant de fois qu'il y aura d'unités dans la période du retard. Prenons un exemple à l'appui de ces considérations de forme un peu trop scientifique. Un entrepreneur a promis de construire une maison dans les six mois ; il ne la livre au propriétaire qu'au bout de six mois et vingt-cinq jours. Certainement la réparation du préjudice occasionné par le retard s'élèvera à une somme unique ; mais, pour la découvrir, il est tout naturel de fixer l'indemnité due au créancier pour un jour et de la multiplier par 25.

Mais quand le débiteur refuse formellement d'exécuter son obligation, pourquoi faire intervenir la question de temps dans le calcul des dommages-intérêts, puisque l'inexécution doit durer toujours ? Ils seront évalués d'après la perte faite et le gain manqué (Art. 1149) en une seule fois, en bloc, et non par jour. Il est bien vrai que le préjudice sera souffert pendant tous les jours qui suivront l'inexécution ; mais il n'est pas possible de savoir à quel taux s'élèvera la réparation quotidienne, ou du moins, si on la prenait pour base, on ne pourrait pas calculer la réparation définitive, car la période pendant laquelle elle se répéterait n'a pas

---

[1] On prend le jour comme unité de temps, parce que c'est là une unité moyenne et plus commode, en pratique, que l'heure, le mois ou l'année.

de limite : on aurait bien une donnée du problème, le dommage éprouvé pendant un jour, mais il en manquerait une autre : le nombre de jours pendant lequel il a duré. Si l'entrepreneur qui avait promis de construire une maison refuse de le faire, il doit une indemnité au propriétaire. Il ne servirait de rien de chercher à établir quelle est la prestation due au créancier pour un jour, car, pour trouver le montant des dommages-intérêts, il faudrait la multiplier par un nombre de jours que l'on ne connaît pas.

L'indemnité totale ne pouvant être évaluée à l'avance, les tribunaux prononcent des condamnations dont ils sont incapables de prévoir les conséquences. Condamner le débiteur à une prestation quotidienne sans savoir à quelle époque il sera libéré, c'est courir le risque de lui imposer une charge qui pourra être, à la longue, hors de proportion avec le dommage réel subi par le créancier.

Donc, lorsqu'il y a retard dans l'exécution, la condamnation à tant par jour s'explique à merveille ; mais au cas de refus, la réparation doit être évaluée en bloc. Tels sont les principes qui découlent logiquement du Code civil et qui sont consacrés par la doctrine [1]. Les tribunaux en suivent d'autres et nous donnent ainsi le spectacle étrange de condamnations à des dommages-intérêts par jour de retard, alors précisément qu'il ne peut plus être question de retard par suite du refus formel du débiteur. En fractionnant les dommages-

---

[1] Dans ce sens : Aubry et Rau, Larombière, Demolombe, Garsonnet, etc.

intérêts, ils agissent comme s'ils avaient toujours à sanctionner une obligation successive, se décomposant en une série d'obligations qui naissent chaque jour et dont l'inexécution demande ainsi une réparation quotidienne [1].

Le plus souvent le juge ne fixe pas un terme après lequel le cours des dommages-intérêts par jour de retard devra cesser ; et cela s'explique : d'abord la contrainte est ainsi plus efficace, et puis il n'y a aucune raison pour préférer tel délai à tel autre. Quand il y a réellement retard, ou bien c'est un retard passé, et alors il n'y a aucune difficulté pour fixer la durée des dommages, ou bien c'est un retard futur, et le juge ne prononcera des dommages-intérêts moratoires que s'il peut prévoir à quelle époque il cessera, et si, en fait, il lui assigne un terme. Mais, quand il y a refus d'exécuter, on ne peut savoir ni si le refus cessera, ni quand il cessera. Le débiteur se trouve ainsi tenu d'une obligation à durée illimitée, tandis que le créancier se voit attribuer une sorte de rente perpétuelle. Or, il est contraire aux principes juridiques et à l'intention des parties qu'un droit de créance soit perpétuel. Ce caractère appartient à quelques droits réels seulement, au droit de propriété en particulier. L'obligation est destinée à se réaliser, et, par là même, à s'éteindre dans un temps plus ou moins long, après lequel le droit de créance doit disparaître pour faire place à un droit de propriété. La loi elle-même nous donne l'exemple d'une

---

[1] Meynial, *id,*, p. 461.

institution ayant pour but la suppression d'un droit de créance qui ne s'est pas réalisé dans un certain délai : c'est la prescription [1]. Le droit de créance est un acheminement vers le droit de propriété, c'est un état provisoire, une simple étape. La jurisprudence en a jugé autrement : quand le débiteur refuse d'exécuter, au lieu d'assurer au créancier, pour éteindre son droit de créance, la propriété d'un équivalent adéquat à l'objet de l'obligation, on laisse vivre ce droit de créance pendant une période indéterminée : l'obligation, contrairement à sa destinée, subsiste indéfiniment.

Il semble cependant que l'assimilation du refus au retard se justifie quand il s'agit de sanctionner une obligation légale [2]. En cas d'inexécution ici, on ne saurait en effet réparer le préjudice causé, par une condamnation à des dommages-intérêts en bloc qui seraient l'équivalent de l'objet de l'obligation. Ce serait admettre une compensation immorale ; la femme pourrait ainsi, moyennant le paiement d'une somme déterminée, se soustraire définitivement à l'obligation de cohabiter avec son mari ou de restituer les enfants : cela n'est pas admissible. L'obligation légale ne disparaît qu'avec son exécution en nature ; elle n'est pas, comme les autres, essentiellement provisoire et passagère ; elle dure indéfiniment. La prescription n'a pas de prise sur elle : une femme qui aura déserté pendant trente ans le domicile conjugal, n'aura pas acquis par cela

---

[1] Meynial, *id.*, p. 460.

[2] Meynial, *id.*

même le droit de ne plus le réintégrer, et l'obligation que lui impose l'Art. 214 pèsera sur elle comme au premier jour. L'obligation légale est perpétuelle, comme la loi elle-même dont elle émane : elle y puise chaque jour un titre nouveau à l'exécution qui la rend imprescriptible. Il ne faut donc pas songer à la convertir en une somme d'argent. La condamnation à des dommages-intérêts ne remplacera pas l'obligation légale : elle la laissera subsister tout entière ; elle aura seulement pour but de réparer le préjudice causé par le retard passé, par les diverses inexécutions successives déjà constatées.

Ces considérations ne nous paraissent pas justifier pleinement la condamnation à des dommages-intérêts par jour de retard au cas d'inexécution d'une obligation légale. S'il est immoral d'admettre que le débiteur puisse s'affranchir totalement des devoirs qui lui incombent en vertu de la loi, il sera immoral aussi de décider qu'il peut s'en affranchir en partie. On alloue au mari abandonné une certaine somme : elle ne peut, dit-on, libérer la femme de l'obligation de cohabiter. Mais, en fait, n'y a-t-il pas un véritable rachat partiel de cette obligation ? La femme n'a-t-elle pas réellement payé à prix d'argent l'indépendance qu'elle avait conquise pendant un certain temps au mépris de la loi ? Elle aurait dû, sans interruption, habiter avec son conjoint ; elle a manqué à son devoir, en partie : elle paiera au mari des dommages-intérêts calculés d'après la durée de l'abandon, et désormais elle sera quitte envers lui pour le passé. La condamnation à des dommages-intérêts par jour de retard, en vue de réparer un préjudice momentané, nous paraît être aussi contraire à la morale que la condamnation à une somme d'argent destinée à compenser un dommage définitif. Le rachat partiel de l'obligation légale n'est pas plus admissible que le rachat total ; d'autant plus que si l'on permet le premier on sera réduit dans certains cas à tolérer le second. Une femme quitte le domicile conjugal le jour même de son mariage : elle est condamnée à payer des dommages-intérêts représentant le préjudice éprouvé par suite du retard, des inexécutions successives. Supposons qu'elle meure sans avoir jamais consenti à cohabiter avec son mari : le total des différentes sommes correspondant aux inexécutions successives compensera inévitablement le dommage causé par l'inexécution totale : la femme aura pu ainsi, à prix d'argent, se soustraire complètement aux exigences de la loi.

Nous reconnaissons volontiers que l'obligation légale est perpétuelle, et, par suite, non susceptible de s'éteindre définitivement par une compensation pécuniaire allouée au préalable, mais nous croyons en outre que le retard dans l'inexécution, puisque retard il y a, ne doit pas plus donner lieu à une réparation en argent que l'inexécution elle-même.

Enfin, puisque les dommages-intérêts ne tiennent pas lieu d'exécution en nature, puisqu'ils représentent seulement les diverses inexécutions quotidiennes devenues un fait accompli [1], en laissant subsister tout en-

---

[1] Les juges, dans l'Affaire de Beauffremont (D. 78, 2, 125) donnent pour motifs de la condamnation à tant par jour le caractère successif de l'obligation de la femme.

tière l'obligation, comment expliquer certaines variations dans le taux de chaque jour ? Pourquoi la Princesse
de Beauffremont fut-elle condamnée à payer la somme
de 500 fr. jusqu'au trentième jour qui suivit la signification du jugement et la somme de 1,000 fr. le trente-
unième jour ? Le retard n'occasionne-t-il pas un préjudice
égal chaque jour, et l'inexécution du lendemain entraîne-
t-elle un dommage plus grave que celui de la veille ?

La condamnation à des dommages-intérêts par jour
de retard est donc critiquable, d'abord et surtout parce
qu'elle intervient dans des hypothèses où il n'y a pas
retard mais refus d'exécuter ; et puis, parce que, même
si en principe elle est admissible, elle présente, en fait,
deux défauts sérieux : l'absence d'un terme au retard
et la variabilité du taux quotidien.

Ici, comme partout dans le système des astreintes, les
tribunaux se sont laissé guider par une raison d'utilité
pratique. Ils ont, de préférence, appliqué la condamnation à tant par jour, parce qu'elle est un moyen de
contrainte, sinon plus efficace, du moins plus rapide que
la condamnation à des dommages en bloc. Le débiteur
sera porté à exécuter l'obligation le plus tôt possible, car
plus il diffère la réalisation de son engagement ou sa
soumission aux ordres de la justice, plus il aggrave sa
situation. « Attendu que la forme des dommages-intérêts pouvait être celle que les magistrats jugeraient
la plus convenable et la plus efficace en vue du but à
atteindre [1] ; » c'est ainsi que s'expriment les juges de

---

[1] S. 65, 1, 257.

la Cour de Cassation. Le changement du taux de la prestation est conçu dans le même sens : la condamnation à la somme de 500 francs ne produisait pas de résultats satisfaisants ; on la doubla pour arriver plus rapidement au but. Malheureusement, l'utilité d'une mesure ne suffit pour la justifier au point de vue légal.

CHAPITRE V

CRITIQUE DU CARACTÈRE COMMINATOIRE [1]

SOMMAIRE : La jurisprudence admet la modification d'un jugement devenu définitif; atteinte à la chose jugée. — De la condition : « Si le préjudice existe ; » — De la condition: « S'il y a faute ; » le juge peut-il insérer cette dernière dans un jugement ? En faveur de la négative, raisons de fait et raisons de droit.

Un jugement qui prononce une peine seulement à titre de menace et pour réprimer un fait futur n'est pas définitif. Quand le moment sera venu d'appliquer la peine, il faudra examiner si tous les éléments exigés pour qu'elle soit encourue sont réunis. La sentence qui condamne le débiteur récalcitrant à des dommages-intérêts excessifs, renferme une menace de peine : elle est par suite conditionnelle. Elle ne sortira son plein et entier effet que si la condition qu'elle contient se réalise dans l'avenir.

---

[1] *V.*, pour cette partie, Meynial, p. 462 et ss., et Massin, p. 429 et ss.

Quelle est cette condition ? Les motifs des Arrêts sont à peu près unanimes sur ce point : la condamnation pécuniaire est infligée au débiteur, faute par lui d'exécuter les ordres du tribunal dans un certain délai. La condition exigée, — la seule semble-t-il, — pour que le jugement devienne définitif, est donc le retard ou bien la persistance du débiteur dans son refus. Une pareille condition prise en elle-même et à part ne ferait échec à aucun principe de Droit ; elle est parfaitement claire et précise et ne laisse pas de place à l'appréciation arbitraire d'un deuxième tribunal. Malgré son apparence conditionnelle, la condamnation dont l'exécution dépend seulement du retard ou du refus du débiteur est en réalité définitive [1]. Son existence résulte d'une simple constatation matérielle qui ne peut donner lieu à aucune difficulté, et le taux en est invariable, puisqu'il a été fixé par le premier juge en considération d'un préjudice et d'une faute présumés connus. Un deuxième jugement qui annulerait la condamnation antérieure parce que la condition n'aurait pas été réalisée, ne porterait pas atteinte au principe de la chose jugée : une décision conditionnelle, — et nous entendons par là celle dont l'effet est subordonné à l'arrivée d'une condition licite et déterminée, — n'acquiert l'autorité de la chose jugée que si la condition se réalise : sinon, elle est considérée comme non avenue [2].

---

[1] Massin, p. 432.

[2] Griolet. *De la Chose jugée*, p. 175.

Si le caractère comminatoire de la condamnation était ainsi restreint, si le pouvoir du second juge se bornait, soit à maintenir intégralement la première décision en respectant le chiffre déjà fixé, soit à l'annuler complètement, mais sans jamais la modifier en partie, si, en un mot, le caractère définitif de la décision dépendait de la seule condition du refus ou de retard, le système de la jurisprudence serait de ce chef à l'abri de toute critique. Mais les tribunaux ont élargi le domaine de la condition. Pour que le jugement soit définitif, certains Arrêts exigent que l'inexécution ou le retard, en vue desquels il avait été prononcé, causent au créancier un véritable préjudice ; d'autres prennent en considération la faute du débiteur.

Et d'abord, les tribunanx modifient parfois une condamnation à des dommages-intérêts, sous prétexte que le préjudice causé en définitive au créancier ne réclame pas une réparation aussi large que celle qui a été allouée par les premiers juges [1]. Un pareil système est complètement en désaccord avec le principe de la chose jugée. Quand le juge s'est prononcé et quand il s'est écoulé un certain laps de temps, sans que les parties aient fait entendre la moindre protestation devant les tribunaux, sa sentence est considérée comme l'expression de la vérité ; c'est là une présomption irréfragable, contre laquelle la preuve contraire n'est pas admise. Du reste, le juge qui accorde des dommages-intérêts est censé avoir les éléments nécessaires pour apprécier

---

[1] *Sic.* S. 25, 1, 165 ; S. 42, 1, 170 ; D. 70, 2, 208.

la valeur du préjudice causé : on ne peut pas supposer qu'il ait pu rendre un jugement arbitraire. La jurisprudence elle-même ne reconnaît au juge le droit de prononcer une condamnation à des dommages-intérêts que s'il a des données suffisantes pour les évaluer [1]; sinon il doit s'abstenir et laisser à un autre mieux renseigné le soin de trancher plus tard la difficulté. S'il ne tient pas compte de ces observations, s'il évalue à la légère le chiffre des dommages à un taux évidemment exagéré, hors de proportion avec le préjudice que subira le créancier et si, d'un autre côté,les parties n'usent pas de voies de recours, on n'aura qu'à s'incliner. La jurisprudence allègue, pour justifier son système, l'injustice flagrante d'une doctrine pareille. Les dommages-intérêts ne doivent réparer que le préjudice réel. Il est équitable d'en modifier le taux, de les réduire, quand ils dépassent la valeur de ce préjudice. Sans doute : mais cela n'est pas juridique lorsqu'ils ont été prononcés par un jugement régulier qui n'est plus susceptible de recours. C'est là une conséquence fâcheuse du principe de l'autorité de la chose jugée, mais les meilleures institutions ont leur mauvais côté.

D'ailleurs les parties doivent bien un peu s'en prendre à elles-mêmes de ce qui leur arrive. Le juge, dans ses motifs, avait bien expliqué pourquoi il croyait devoir allouer des dommages-intérêts ; si le préjudice qui était la raison de la réparation n'existait pas ou bien était inférieur à celui que prévoyait le juge, le débiteur en

---

[1] *Sic.* (D. 77, 2, 175).

cause n'avait qu'à user des voies de recours que la loi met à sa disposition pour faire réformer une première sentence ; s'il ne l'a pas fait, c'est qu'il acceptait la sanction prononcée par le tribunal : il ne pourra pas plus tard venir réclamer une réduction qu'il n'a pas demandée dans les délais fixés par la loi. Admettre donc qu'un deuxième jugement pourra en modifier un premier parce que le premier juge s'est trompé sur la valeur du préjudice, c'est renverser le principe de l'autorité de la chose jugée. Toutes les fois qu'un jugement confirme un droit, il est supposé que ce droit existe. Quand toute voie de recours est devenue impossible, pour que le jugement soit exécuté, on ne se demandera pas si le droit que l'on a supposé existant est en réalité bien fondé : au point de vue légal il existe, et le principe de la chose jugée s'oppose à ce qu'on prouve le contraire.

Il faut reconnaître qu'aujourd'hui la jurisprudence n'admet plus cette cause de modification d'un premier jugement [1], du moins ouvertement ; les Arrêts qui adoptent la prise en considération de la condition « si le préjudice existe» remontent à une époque où la condamnation à des dommages-intérêts pour inexécution était regardée comme essentiellement comminatoire, et où la diminution du préjudice souffert servait de prétexte à la réduction du taux des dommages.

En second lieu, la jurisprudence décide que la con-

---

[1] Elle est encore formulée dans un Arrêt assez récent (D. 70, 2, 208), mais non pas prise séparément.

damnation ne sera exécutoire, une fois le retard ou le refus constatés, que si le débiteur est en faute. « Si la résistance n'a pas été injuste », le second jugement abaissera le *quantum* des dommages, en tenant compte du degré de culpabilité, ou même les supprimera tout-à-fait. Faut-il admettre la validité de cette nouvelle condition ? Elle n'est contenue, explicitement du moins, dans aucune décision portant condamnation à des dommages-intérêts comminatoires. Mais la jurisprudence se reconnaît, à juste titre, le droit de suppléer à cette lacune du texte, en invoquant l'intention certaine du premier juge. Nous croyons, en effet, que les magistrats ont le pouvoir d'interpréter une sentence rendue antérieurement en la matière qui les occupe ; ils doivent même s'inspirer des idées et des volontés probables de leurs prédécesseurs, et chercher à les découvrir quand elles n'apparaissent pas bien clairement au grand jour sous une forme extérieure indiscutable. Il n'est pas besoin que la condition de faute soit insérée dans le premier jugement pour que le deuxième puisse s'en prévaloir ; on l'invoquera par voie d'interprétation.

Et alors il semble bien que la modification du taux des dommages faite par le tribunal en vertu d'une atténuation correspondante de la culpabilité du débiteur ne soit pas contraire au principe de la chose jugée. La deuxième décision ne revise pas la première, mais elle l'exécute en l'interprétant. Et puis, il n'y a pas identité absolue dans les deux jugements : le premier condamnait à une certaine somme, pour le cas où le débiteur serait en faute ; le second examinera si la condition contenue dans le premier est arrivée ou non. Et si la condition fait défaut, le premier jugement est annulé, le juge a désormais toute liberté pour se prononcer.

Mais une autre question se pose beaucoup plus délicate et beaucoup plus discutée. Le juge peut-il, explicitement ou implicitement, soumettre la condamnation à la condition de faute ? M. Meynial pense « qu'aucune règle prohibitive ne limite expressément la liberté du juge à ce sujet. » Nous croyons cependant qu'on pourrait voir cette prohibition dans une des nombreuses conséquences du principe de la chose jugée. Ce principe ne s'applique pas seulement aux parties, mais il lie le juge lui-même : *lata sententia judex desinit esse judex*. « Le tribunal, dit M. Garsonnet [1], ne peut se réserver à l'avance le droit de revenir sur sa décision si telle éventualité se réalise. » Et nous ajouterons qu'il ne peut pas davantage réserver ce droit en faveur d'un autre tribunal. De même : « on ne saurait reconnaître au juge le pouvoir de neutraliser ou de restreindre, par la formule de sa décision, les effets que la loi attribue à la chose jugée [2]. » Il y a sans doute des jugements conditionnels qui laissent planer l'incertitude sur le mode d'exécution, qui donnent au juge le pouvoir de prononcer, au bout d'un certain temps, une condamnation à un équivalent au lieu d'une con-

---

[1] Garsonnet. *Traité de Procédure civile*, t. III, p. 221.

[2] Aubry et Rau. *Droit civil*, t. VIII, p. 369, Note 13 ; — *Id.* Larombière, t. V, art. 1351, N° 24.

damnation à la prestation réelle ; mais ces jugements
sont soumis à une condition parfaitement claire et
déterminée. Un tribunal condamne, par exemple, un
débiteur à faire certains travaux ; s'il ne les a pas
exécutés dans un délai quelconque, il paiera au créancier
une somme déterminée. A l'expiration du délai, le
créancier se plaint de n'avoir pas reçu satisfaction en
nature : le deuxième juge condamnera, dès lors, le débiteur à la somme précédemment fixée. On ne peut
pas soutenir qu'il y ait, par suite de cette nouvelle
condamnation, atteinte au principe de la chose jugée.
Le juge n'est pas revenu sur la première décision, mais
il l'a sanctionnée en se conformant aux prescriptions
de son prédécesseur. Au contraire, c'est permettre à
un tribunal de « revenir sur la décision d'un autre »,
c'est « reconnaître au juge le pouvoir de neutraliser
les effets de la chose jugée », que d'autoriser la modification d'un jugement devenu définitif, légalement,
en la prétendant justifiée par l'arrivée ou la défaillance
d'une condition nullement précise, mais vague et se
prêtant à des interprétations multiples. L'insertion de
la condition de faute qui présente tous ces caractères
sera une cause de violation du principe de la chose
jugée.

Lorsque le premier juge a subordonné la condamnation qu'il prononçait à la culpabilité du débiteur, il
avait en vue un certain degré de culpabilité. Quand le
second voudra faire exécuter la sentence du premier,
comment pourra-t-il savoir quel était, dans l'esprit de
celui-ci, le degré de faute qui était nécessaire et suffisant

pour que la condamnation fût encourue ? L'appréciation
de la faute du débiteur varie avec les personnes qui
apprécient : elle est purement subjective ; et il pourra
fort bien arriver que le deuxième juge diminue le taux
de la condamnation, en prétextant une atténuation de
culpabilité, alors que le premier aurait peut-être main-
tenu sa décision, intégralement. Le principe de la
chose jugée se trouve par là même violé. En effet, un
jugement conditionnel est définitif et irrévocable aussitôt que la condition est arrivée. Aux yeux du premier
juge, la condition de faute était réalisée, la culpabilité
du débiteur était suffisante pour que la condamnation fût
encourue, donc le jugement devait être exécuté de point
en point. Si le deuxième juge en a décidé autrement, il a
incontestablement méconnu le principe de l'Art. 1351.

M. Meynial répond que la condition de faute n'est
pas en réalité aussi vague et aussi peu précise qu'on
a l'air de le croire. La jurisprudence suppose que la
condamnation est destinée à réprimer la faute la plus
grave du débiteur : le taux des dommages-intérêts est
un taux maximum. Par suite, si le second juge estime
que le débiteur n'a pas à se reprocher cette *culpa
maxima*, qu'il s'est montré digne, par ses efforts, d'une
atténuation quelconque de la peine, la condition n'est
pas réalisée, le premier jugement est annulé. Le second
juge est libre alors de fixer à sa guise le taux des
dommages-intérêts : il ne saurait être question de violer
l'autorité de la chose jugée à propos d'une décision qui
n'existe plus, par suite de la défaillance d'une condition
à laquelle elle était soumise.

Cependant nous croyons que, même alors, la condition de faute n'est pas suffisamment claire et précise et
que le second juge est toujours exposé à méconnaître
la volonté du premier et à violer les dispositions de
l'Art. 1351 [1]. Quelle sera cette faute la plus lourde ?
Elle peut être l'objet d'appréciations diverses ; la détermination n'en est pas moins subjective et pas moins
variable que celle du degré de faute que le premier
juge avait en vue : nous retombons dans la même incertitude qu'auparavant. Le tribunal peut réduire le
taux des dommages, parce qu'il croira voir dans certains
faits une cause d'atténuation, alors que ces mêmes faits,
dans la pensée des premiers magistrats, ne diminuaient
en rien la culpabilité du débiteur et que celui-ci, étant
censé avoir commis la faute la plus lourde, devait
subir la condamnation primitive, sans modification
aucune.

Enfin, même si, en principe, la condition de faute pouvait être insérée dans un jugement, les inconvénients
pratiques qui résulteraient de cette faculté laissée aux
tribunaux suffiraient pour que, en fait, elle ne fût
pas admise [2]. Le juge est porté, quand il estime les
dommages-intérêts, à tenir compte, presque malgré lui,
du préjudice que cause, en dernière analyse, au créancier l'inexécution du débiteur. Il lui sera facile dès

---

[1] *Sic.* Massin, *id*.

[2] M. Meynial lui-même, après avoir soutenu que l'insertion
de la condition de faute est légitime en théorie, en reconnaît
d'ailleurs les inconvénients pratiques.

lors, sous couleur de prendre en considération la faute du débiteur, de réduire le taux des dommages, en tenant compte, en réalité, de la situation des parties, de l'opportunité de la résistance et du préjudice définitif. La faute ne sera qu'un prétexte pour couvrir des modifications qui auront d'autres motifs et qui constitueront une véritable révision illégale du premier jugement.

Le caractère comminatoire de la condamnation à des dommages-intérêts fait donc échec au principe de la chose jugée. Il semblerait que la jurisprudence, se rendant compte de ce défaut du système des astreintes, ait voulu l'atténuer autant que possible. L'historique de la théorie nous a appris, en effet, que la condamnation, essentiellement comminatoire au début, avait été plus tard présumée seulement telle, et qu'aujourd'hui la présomption est en faveur du caractère définitif. Cela signifie que les cas où le juge peut modifier une décision antérieure sont devenus beaucoup plus rares avec le temps et que la violation du principe de la chose jugée, si elle est toujours possible, sera certainement moins fréquente. Mais ce résultat a-t-il été voulu par la jurisprudence, était-il le véritable but qu'elle poursuivait en cherchant à rendre définitive, le plus souvent possible, la condamnation à des dommages-intérêts ? Nous pensons qu'une autre raison est au fond de tous ces changements successifs, et cette raison n'a rien de commun avec le respect de la chose jugée : c'est que, plus s'accentue la tendance à considérer la condamnation comme définitive, plus cette dernière produit une intimidation salutaire sur le débiteur ;

celui-ci, en effet, aura moins de chances de voir réduire par un deuxième jugement la peine que lui infligeait un premier; il sera porté, par là même, à faire de plus grands efforts pour s'y soustraire complètement, il exécutera plus souvent les ordres du tribunal. Si le respect de la chose jugée, ou, pour être plus exact, la violation moins fréquente de l'Art. 1351, n'a pas été la cause finale des évolutions diverses de la jurisprudence, elle en a été toujours une conséquence. Il ne reste plus aux tribunaux qu'à franchir le dernier pas qui les sépare de la légalité, en déclarant que la condamnation est, dans tous les cas, définitive.

A toutes ces critiques la jurisprudence n'essaie même pas d'opposer un système de défense quelconque, et elle croit avoir pleinement justifié l'usage des astreintes quand elle a affirmé qu'elles sont un moyen efficace d'obtenir l'exécution des jugements qui est d'ordre public: force doit rester à la loi. Même en nous plaçant sur ce terrain, nous pensons qu'il faut rejeter l'emploi de la contrainte indirecte par les dommages-intérêts. Et d'abord, il importe peu à l'intérêt social que le créancier obtienne satisfaction par l'exécution en nature ou par une prestation équivalente : c'est là une considération d'ordre purement privé, qui n'intéresse que le créancier. La société demande que l'obligation contractée par un individu reçoive une sanction; mais le mode de sanction lui est indifférent. Et puis, même si l'intérêt public exigeait l'exécution en nature, le juge n'aurait pas une liberté absolue dans le choix des moyens propres à la réaliser : il devrait toujours respecter les principes généraux de notre droit [1]. Et de même qu'il ne pourrait, sous prétexte de viser à l'exécution du jugement, se servir de la contrainte par corps contre le débiteur, de même nous lui refusons le droit de prononcer, dans le même but, une condamnation à des dommages-intérêts qui, par son caractère pénal et arbitraire d'un côté, par son caractère comminatoire de l'autre, est ouvertement en désaccord avec le texte et l'esprit de la loi.

---

[1] Voir ces deux idées développées par M. Meynial. *Id.*, p. 476.

QUATRIÈME PARTIE

CHAPITRE PREMIER

LA CONTRAINTE INDIRECTE SOUS LA FORME D'UNE CONDAMNATION PÉCUNIAIRE EST-ELLE ADMISSIBLE EN PURE THÉORIE ?

SOMMAIRE : La contrainte indirecte sur les biens est admissible. — L'Art. 1142 ne la prohibe pas. — La violence morale qui en résulte est légère ; — et le but poursuivi offre un grand intérêt. — Exemples dans le Droit positif. — Toutefois restrictions.

Nous avons critiqué jusqu'ici les pratiques de la jurisprudence en lui reprochant d'organiser un système de contrainte indirecte et de répression dont les caractères ne sont pas en harmonie avec les dispositions de nos Codes : nous avons examiné les astreintes au point de vue de leur légalité. Il nous faut rechercher maintenant si, à supposer qu'elle puisse se manifester par un procédé conforme aux règles du Droit positif, la contrainte indirecte sur les biens est admissible en soi. Lorsque le débiteur refuse de tenir son engagement et d'obéir aux ordres de la justice, ne pourrait-on pas, en Droit pur, le contraindre à l'exécution en lui faisant prévoir d'abord le risque d'une perte pécuniaire, et en lui infligeant ensuite cette perte au cas où la menace aurait été inutile ? Après avoir discuté la légalité d'un moyen de contrainte indirecte parfaitement déterminé, nous allons nous occuper de la légitimité, en théorie, de la contrainte indirecte prise en elle-même et en tant qu'elle porte sur les biens.

Des auteurs considérables contestent cette légitimité.
Les uns s'appuient sur des considérations de Droit
positif, les autres sur des principes de Droit abstrait et
de morale. M. Demolombe [1] prétend que l'Art. 1142
du Code civil s'oppose aussi bien à l'emploi d'une
contrainte indirecte sur les biens que d'une contrainte
directe sur la personne. Quand l'exécution forcée n'est
pas possible, aux termes de l'Art. 1142, il n'y a qu'une
chose à faire : condámner le débiteur à des dommages-
intérêts dont le taux sera déterminé suivant les dispositions de l'Art. 1149. Entre les deux situations, entre
l'impossibilité d'exécuter en nature par suite du refus du
débiteur, et la simple réparation du préjudice causé, il
n'y a pas de place pour un troisième parti intermédiaire,
pour un procédé détourné qui serait destiné à triompher
de la première, afin de donner au créancier une satisfaction plus complète que celle qui résulterait de la
seconde. Nous avons déjà eu l'occasion de répondre
à ces allégations. L'Art. 1142, laissant subsister le
principe de la condamnation *ad rem*, admet l'exécution
forcée en nature toutes les fois qu'elle est possible ; il
interdit seulement les moyens de l'obtenir qui ne sont
pas légitimes, tels que la contrainte physique, la violence
sur la personne. Mais sa prohibition ne s'étend pas plus
loin ; et lorsqu'il sera permis de poursuivre l'exécution
par des moyens autres, l'Art. 1142 ne défend pas de
le faire.

---

[1] Demolombe, t. XXIV, p. 494 ; — id. Aubry et Rau,
t. IV, p. 41, Note 12.

M. Garsonnet [1] n'est pas non plus partisan de la
contrainte indirecte en général, mais pour d'autres
motifs : c'est qu'elle exerce une pression sur la volonté
du débiteur ; or, « l'homme est libre de ne pas remplir
ses engagements, sauf à supporter les conséquences de
cette inexécution ; on ne peut pas lui enlever cette
liberté en employant la violence [2]. » Il y aura violence
aussi bien lorsqu'on agira sur le débiteur par la menace
d'un mal futur que lorsqu'on se livrera sur lui à de
véritables voies de fait, pour le forcer à exécuter son
obligation ; la violence morale doit être réprouvée au
même titre que la violence physique : « il ne viendra
à l'idée de personne qu'on puisse mettre un débiteur
à la torture ou le séparer de ses enfants, pour obtenir
de lui l'exécution du jugement qui le condamne à
apporter la mainlevée d'une inscription hypothé-
caire..... » Sans doute, mais nous n'entendons pas
justifier ce genre de contrainte indirecte : nous parlons
seulement de celle qui s'exerce sur les biens, en laissant de côté la contrainte, directe ou indirecte, qui se
manifeste par des abus ou par de mauvais traitements
sur la personne du débiteur ou des siens ; nous reconnaissons que de pareils procédés ne conviennent pas
à l'état actuel de nos mœurs et de notre civilisation.
Mais la violence dont les biens seront l'objet ne nous
choque nullement : l'exécution forcée sur les biens est
chose naturelle ; la saisie sous toutes ses formes est

---

[1] Garsonnet. Procédure civile, t. III, p. 450.
[2] Laurent, t. XVI, N° 198.

d'un emploi très fréquent. La personne du débiteur
n'est pas le gage des créanciers ; mais ses biens garan-
tissent l'exécution des engagements qu'il a contractés,
et, puisqu'ils sont saisis pour réparer l'inexécution,
pourquoi n'aurait-on pas prise sur eux pour chercher
à l'éviter?

En faisant craindre au débiteur une diminution de
son patrimoine, on porte, dans une certaine mesure,
atteinte à sa liberté : s'il remplit son engagement,
ce sera bien un peu malgré lui. Mais il s'agit de savoir
si le but que l'on poursuit ne justifie pas le moyen
employé pour l'atteindre. Le but, c'est l'exécution en
nature et le respect des décisions de justice. L'exécution en nature est aujourd'hui la règle ; le législateur,
dans l'Art. 1134, après avoir dit que les conventions
font la loi des parties, ajoute qu'elles doivent être
exécutées de bonne foi, c'est-à-dire comme il a été
convenu au contrat. Or, le créancier a stipulé du débiteur l'objet même de l'obligation et non pas son équivalent en argent. Ce principe de l'Art. 1134 est
corroboré par celui de la condamnation *ad rem* [1]. Le

---

[1] Ce principe est aujourd'hui indiscutable, mais il ne l'a
pas toujours été. Dans l'ancien Droit, les romanistes avec
Cujas admettaient la théorie romaine de la condamnation
pécuniaire, d'après laquelle l'obligation de faire était une
obligation facultative, l'équivalent pécuniaire étant *in obliga-
tione* et la prestation du fait *in facultate*. L'école coutumière
avec Dumoulin et Pothier soutenait, au contraire, que ce qui
est dû réellement c'est le fait lui-même, et cela est resté vrai
de nos jours.

juge doit condamner le débiteur à prester cela même qu'il a promis de donner ou de faire. L'exécution en nature, voulue par les parties et ordonnée par le juge, doit donc être réalisée par tous les moyens possibles et légitimes. En outre, l'inexécution injustifiée est une injure faite à l'autorité de la justice, c'est une rébellion de l'individu contre la société envisagée dans une de ses fonctions les plus nobles, c'est une cause de troubles sociaux. La liberté de l'individu est sacrée, à condition qu'il ne méconnaisse pas de son côté la liberté des autres ; l'intérêt de chacun a pour limite l'intérêt de tous. Le but justifie donc le moyen qui, en somme, ne porte. atteinte à la liberté du débiteur que jusqu'à un certain point, puisqu'il le laisse toujours maître d'agir à sa guise. Une contrainte non pas physique mais morale, et de plus résultant, non pas d'un mal infligé à la personne, mais d'une perte pécuniaire éventuelle, n'est pas une mesure exagérée eu égard aux intérêts qu'elle protège.

D'ailleurs, le Droit positif lui-même nous donne des exemples de contrainte indirecte. Il n'est pas contesté que le mari puisse refuser des aliments à la femme qui a déserté le domicile conjugal, et limiter par là même sa liberté d'action ; la femme se soumettra par crainte de la misère ; sa soumission n'émanera pas d'une volonté libre et spontanée [1]. Les parties peuvent aussi,

---

[1] Un autre moyen de contrainte légal était le droit pour le patron de retenir le livret de l'ouvrier, en garantie de l'exécution d'un travail promis ou du paiement d'avances faites.

aux termes de la loi, créer elles-mêmes un mode de
contrainte indirecte en stipulant une clause pénale que
le juge doit respecter ; à la seule condition de fixer
une indemnité supérieure à la valeur de l'exécution,
elle contiendra les deux éléments de la contrainte : elle
sera à la fois une menace pour le débiteur qui serait
tenté de se soustraire à son engagement et une peine
pour celui qui a déjà refusé de le tenir.

Pour toutes ces raisons, nous pensons que la contrainte indirecte sur les biens est légitime en pure
théorie. Mais dans quels cas le sera-t-elle ? M. Massin
répond [1] : chaque fois qu'une contrainte directe sera
illégitime, ou impuissante, ou, en d'autres termes,
quand on ne pourra obtenir l'exécution en nature d'une
autre manière. On veut donner satisfaction au créancier ; y a-t-il, pour arriver sûrement et rapidement à ce
résultat, un meilleur moyen que la contrainte directe,
lorsqu'elle est possible ? Évidemment non. C'est donc
la contrainte directe que l'on exercera de préférence.
Toutes les fois qu'elle sera interdite, alors seulement
on aura recours aux moyens indirects : on ne les ad-
mettra que lorsqu'ils seront nécessaires. Nous serions

(Loi du 22 Germ. an XI.) Et c'était un moyen efficace, car
un ouvrier sans livret ne pouvait s'engager chez un autre
patron, sous peine de dommages-intérêts pour celui-ci : « On
organisait le vide du travail autour de lui ; il était pris par
la famine. » Ces dispositions trop sévères ont été abolies par
la Loi du 14 Mai 1851. — Voir, pour les détails, les articles
de M. Marc Sauzet, dans la *Revue pratique* de 1890, t. LVII.
[1] Massin, *id.*, p. 400.

porté, quant à nous, à faire une seconde restriction
en ajoutant : et lorsqu'ils seront utiles. La contrainte
indirecte, en effet, a pour but d'empêcher ou de punir
l'inexécution des jugements, afin de sauvegarder la
dignité de la justice, mais surtout afin d'éviter par
contre-coup l'inexécution des conventions. Le juge a
pour mission de protéger d'une manière générale les
intérêts légitimes des particuliers et, plus spécialement,
de faire respecter les droits du créancier. La contrainte
indirecte est une mesure destinée à cette œuvre de
justice; mais il est des cas où elle ne remplira pas son
rôle, quand il s'agira de certaines obligations soit légales
(obligation pour la femme de cohabiter avec son mari),
soit conventionnelles (obligation de peindre un tableau)
dont l'exécution ne produit le résultat voulu que si elle
est parfaitement libre. Nous avons rejeté dans ces cas
l'emploi de la contrainte directe, parce qu'elle était
immorale et aussi parce qu'elle était inutile ; c'est en
invoquant ce deuxième motif que nous rejetons, dans
les mêmes hypothèses, l'emploi de la contrainte indirecte.

Lorsqu'elle sera légitime, sous quelle forme se tra-
duira-t-elle? L'institution d'une peine répond le mieux
au but que l'on veut réaliser. Le texte de la loi servira
de menace, et la condamnation en vertu de ce texte
servira de répression, au cas où la menace resterait
sans effet. La création d'une peine est une mesure
excellente à un double point de vue : comme moyen
préventif et comme mode de sanction : nous y reviendrons sous peu.

CHAPITRE II

LÉGISLATION COMPARÉE

SOMMAIRE : Belgique, — Grande Bretagne, — Italie, — Danemark, Japon, — Suisse, — Allemagne.

Avant de terminer cette étude par quelques considérations sur l'examen d'une réforme que semble appeler le système des astreintes, nous croyons utile de mentionner, très sommairement du reste, les dispositions des Codes étrangers qui se rapportent à notre sujet, et cela pour deux raisons, D'abord tous les recueils de lois, ou presque tous, sont plus récents que notre Code civil ; ils sont par suite un peu plus en harmonie avec les idées et les mœurs modernes. Quelques-uns même sont en voie d'être remaniés et nous connaissons le projet ou les divers projets qui sont le germe de la future législation nouvelle. On peut donc espérer puiser dans l'étude du Droit étranger des principes qui nous serviront pour l'amélioration du Droit français. En second lieu, et à supposer que cet espoir soit déçu, ces quelques pages de législation comparée serviront du moins, tout comme le rapide exposé sur le Droit romain et l'ancien Droit, à compléter notre travail : nous aurons ainsi une vue d'ensemble de notre sujet. Nous allons donc passer en revue les principales législations étrangères, examiner à propos de chacune d'elles, quelles sont les mesures prises en cas d'inexécution des obligations ou des décisions judiciaires, et voir si elles admettent la contrainte indirecte par une condamnation pécuniaire ou autrement.

Nous ferons remarquer tout d'abord, pour ne pas avoir à le répéter trop souvent, que toutes les législations admettent, à l'égard de l'enfant insoumis, des moyens de correction assez rigoureux et qu'elles font intervenir la force armée pour mettre un terme à l'abandon du domicile paternel ou maternel [1].

1. BELGIQUE. — Le Code civil belge a emprunté ses dispositions au Code Napoléon. Il ne peut donc rien nous apprendre de nouveau. Mais il est intéressant de rechercher si la jurisprudence belge, guidée par les mêmes principes que la jurisprudence française, est arrivée aux mêmes résultats que cette dernière. Les tribunaux belges ont eu l'occasion de donner leur avis sur la sanction du refus d'exécuter, à propos de l'Affaire de Beauffremont. La Princesse possédait, en effet, certains biens en Belgique ; le Prince demandait qu'ils fussent saisis comme les autres, pour contribuer au paiement des dommages-intérêts alloués par la Cour de Paris. La Cour de Bruxelles refusa d'accorder l'*exequatur* du jugement français, en invoquant des motifs qui sont formels. Nous ne pouvons mieux faire que d'en

---

[1] En Espagne, le père peut même empêcher l'enfant, quoique majeur, de quitter avant 25 ans la maison paternelle, à moins que ce ne soit pour prendre un état. (A. Levé Code civil espagnol, Art. 321.)

citer les plus saillants : « Attendu qu'aucune disposition légale n'autorise les tribunaux civils, pour assurer l'exécution de leurs décisions, à prononcer des condamnations pécuniaires à titre de sanction ou de contrainte ; que cette pratique consacrerait une véritable usurpation d'un droit de punir qui serait d'autant plus dangereux, qu'il serait abandonné à l'arbitraire, alors qu'en matière répressive même le législateur renferme ce droit dans de strictes limites ; que ces principes sont d'ordre public ; que le danger de leur violation ressort à l'évidence des conséquences mêmes des Arrêts de la Cour de Paris [1]... » Les conséquences dont parle l'Arrêt furent la vente à perte du domaine de Ménars et la disparition des biens dotaux qui devaient revenir aux enfants. La Cour de Cassation jugea dans le même sens que la Cour de Bruxelles. La jurisprudence belge est donc en désaccord complet avec la jurisprudence française sur l'emploi des dommages-intérêts comme moyen de contrainte.

Il existe, en outre, en Belgique un projet de révision du Code civil dont l'auteur est M. Laurent [2]. En matière d'obligation légale de cohabiter, le savant jurisconsulte belge n'admet ni la contrainte directe ni la contrainte indirecte, parce qu'elles sont inutiles l'une et l'autre ; il repousse ces « actions scandaleuses par lesquelles le mari réclame des dommages-intérêts,

---

[1] D. 82, 2, 82.

[2] Laurent. *Avant projet de révision du Code civil ;* Voir Art. 209 et 210, t. I, p. 456.

comme si la vie commune était une question de profit et de lucre. » Pour remédier à la situation fâcheuse créée au mari par l'abandon de la femme, M. Laurent propose, avant d'en arriver aux grands moyens qui sont la séparation de corps et le divorce, d'instituer une séparation de fait temporaire qui serait prononcée par le juge. Ce procédé offrirait deux avantages : d'abord il serait possible qu'une réconciliation eût lieu sur les conseils du juge qui entendrait les parties avant de se prononcer, comme dans la procédure du divorce ; et puis les conjoints pourraient, pendant le délai imparti, réfléchir à leur aise sur les conséquences d'une séparation légale, et de cette réflexion naîtrait quelquefois le rapprochement des époux, la continuation de la vie commune.

En matière d'obligations conventionnelles, M. Laurent, sans se prononcer aussi catégoriquement contre la contrainte indirecte, semble bien aussi la rejeter. L'Art. 1144 du projet reproduit l'Art. 1142 du Code Napoléon : le créancier, en cas d'inexécution, doit se contenter de dommages-intérêts compensatoires ; il n'y est pas question de moyens détournés pour obtenir satisfaction du débiteur.

2. GRANDE-BRETAGNE. — (a) *Obligation légale de cohabiter*. — Aux termes de l'Art. 147 du *Recueil des lois anglaises* [1], chacun des époux a le droit de

---

[1] Anthoine de Saint-Joseph. *Concordance entre le Code Napoléon et les Codes civils étrangers*, t. II, Grande-Bretagne, Art. 147.

« forcer » l'autre à l'habitation commune. Il n'y a pas de doute sur les moyens permis pour assurer l'exécution des ordres de la loi ; l'expression « forcer » comporte certainement l'emploi de la contrainte directe *manu militari*. Si la femme est retenue hors du domicile conjugal par un tiers, le mari peut contraindre le tiers à la lui rendre. Il agira contre lui par la voie d'une action en revendication [1], comme s'il voulait recouvrer un bien de son patrimoine qui lui aurait été soustrait. Cette action est d'autant plus de mise ici, qu'en Angleterre la femme mariée est sous la domination complète du mari ; elle se trouve dans un état d'infériorité qui la met presque au rang d'une simple chose [2].

(b) Obligations conventionnelles. — L'inexécution est, ou bien évitée par des moyens très rigoureux, ou bien réparée largement. L'Art. 597 du *Recueil* reproduit notre Art. 1142, avec toutefois cette différence que la Cour d'équité oblige les parties, en certains cas, à faire ou à ne pas faire la chose stipulée, quand la réparation par les dommages-intérêts serait défectueuse [3]. Les moyens de contrainte en usage pour vaincre la résistance du débiteur sont la saisie et l'emprisonnement.

---

[1] Glasson. *Histoire du Droit et des Institutions de l'Angleterre*, t. VI, p. 188.

[2] La Loi de 1883 a contribué à l'émancipation de la femme mariée en lui donnant la libre disposition de ses biens. Mais l'action en revendication du mari, à l'effet de se faire restituer sa femme, subsiste toujours.

[3] Glasson. *Histoire du Droit et des Institutions de l'Angleterre*, t. VI, p. 375.

Le créancier peut aussi obtenir l'autorisation de mettre sous séquestre tous les biens de la partie condamnée qui ne veut pas se soumettre [1] : ce sont là des procédés très sévères qui doivent le plus souvent venir à bout de l'obstination du débiteur. Lorsque le législateur croit pouvoir réparer suffisamment le préjudice causé, à l'aide des dommages-intérêts, il en fait, en général, fixer le taux par un jury qui les accorde selon l'étendue de l'injure « soufferte directement ou indirectement » (Art. 601). C'est l'arbitraire posé en règle générale ; les jurys peuvent ainsi évaluer les dommages-intérêts à un taux très élevé et en faire un véritable moyen de contrainte. Néanmoins, personne ne s'en plaint, peut-être parce que le juge se sert avec modération et sagesse de l'arme si puissante que le législateur a mise en sa main.

3. Italie. — Le Code italien ne présente aucune particularité au sujet des obligations conventionnelles. Quant à l'obligation légale de cohabiter, elle est sanctionnée par le refus d'aliments et par la saisie temporaire d'une partie des revenus paraphernaux de la femme, au profit du mari et des enfants (Art. 133, Code civil) [2]. Ce dernier moyen de contrainte est admis par la jurisprudence française, qui ne peut pas cependant invoquer pour le justifier, le moindre texte de loi.

---

[1] Glasson. *Histoire du Droit et des Institutions de l'Angleterre*, t. VI, p. 719.

[2] Huc. *Le Code civil italien et le Code Napoléon*, Art. 133.

4. DANEMARK. — La législation de ce pays organise une véritable peine contre le débiteur qui refuse de remplir son engagement. Les textes sont parfaitement explicites. « Lorsque l'obligation de faire ou de ne pas faire a été établie par un jugement, le juge fixera le délai dans lequel la chose devra être accomplie et la nature de la pénalité au profit de la partie. Si cette pénalité consiste dans une amende, la partie lésée a le droit d'exiger que la partie condamnée soit incarcérée jusqu'à l'entière exécution des obligations. » (Art. 303 du Code civil danois)[2]. Il résulte de cet article que l'inexécution des obligations confirmées par un jugement est très sévèrement sanctionnée. Il est à remarquer que le juge a le choix entre les divers modes de pénalité ; il a un pouvoir très étendu, trop étendu peut-être. On admet, au fond, l'emploi de la contrainte par corps en matière civile : sans doute, l'emprisonnement est bien la conséquence du refus de payer l'amende, prononcée à titre de peine ; mais la peine a été infligée pour inexécution d'une obligation civile, de Droit privé. En Droit français, il ne saurait en être ainsi depuis la Loi du 31 Mai 1854. Le système de répression organisé par le Code danois est bien fait pour triompher de la mauvaise volonté du débiteur, mais il est trop rigoureux eu égard aux intérêts que l'on veut protéger et qui sont, en somme, des intérêts privés.

---

[2] Anthoine de Saint-Joseph. *Id.*, tome II, *Code danois*, Art. 303.

5. JAPON. — Le projet de Code civil japonais, éla-
boré par un Français, M. Boissonade, offre certaines
analogies avec notre Code [1]. Les dispositions des Articles 1142 et 1149 se retrouvent dans les Art. 401 et
405 du projet [2]. L'Art. 406, § 3, porte en outre que « le
tribunal peut, en ordonnant l'exécution directe par le
débiteur, allouer au créancier une indemnité conditionnelle pour chaque jour ou chaque mois de retard, en
fixant un délai extrême pour l'exécution, passé lequel
il sera statué définitivement. » La condamnation à tant
par jour, soumise à la condition du retard, paraît
présenter quelque ressemblance avec le système des
dommages comminatoires. Mais, au fond, il n'en est
rien. Le taux fixé par le tribunal qui a ordonné l'exécution est définitif : un second juge ne pourra le réduire
plus tard sous aucun prétexte. Et puis, si le débiteur
refuse réellement d'exécuter, il peut arrêter le cours
des dommages-intérêts et provoquer une liquidation
définitive (Art. 406, § 4). Enfin, même au cas de
simple retard, l'indemnité ne sera pas payée pendant
une durée illimitée. « Il ne faut pas, dit M. Boissonade,
en commentant l'Art. 406, que cette prestation à raison
du retard se continue indéfiniment, et arrive ainsi
à excéder la réparation du dommage total, même le
plus rigoureusement estimé. » Les dommages-intérêts

---

[1] Il ne comprend pas les matières qui font l'objet de notre
Livre Ier. Nous ne pouvons donc rien dire en ce qui concerne
les obligations légales.

[2] Boissonade. *Projet de Code civil japonais.*

dont parle l'Art. 406 serviront à réparer un préjudice futur ; nous avons vu qu'en Droit français ils pouvaient avoir la même affectation.

6. SUISSE. — L'Art. 55 du Code fédéral des obligations, posant en principe la réparation de tout préjudice causé injustement, prend en considération le tort moral, « l'atteinte à la situation personnelle. » En pratique, des difficultés s'élèvent, inévitablement, quand il faut savoir, d'abord s'il y a préjudice moral, et puis comment il sera estimé [1]. Le juge tiendra compte aussi de la gravité de la faute, pour fixer l'étendue de la réparation : deux débiteurs, pour un même préjudice causé, peuvent être condamnés à des taux différents. Celui qui subira la condamnation la plus forte paiera à la victime une somme qui ne représentera pas exclusivement le dommage éprouvé. C'est là une disposition qui tend à faire de l'indemnité une peine civile [2].

7. ALLEMAGNE (*Droit commun*). — Le Droit commun allemand reconnaît, pour arriver à l'exécution des obligations, l'usage d'un procédé qui rappelle de tous points le *juramentum in litem* des Romains. Les cas d'application sont les mêmes : il faut que le débiteur ait commis un dol ou une faute lourde ; alors le créan-

---

[1] *V. M.* Chausson, thèse de Droit, Lausanne 1892, p. 90 et ss.

[2] *Id.* p. 135. — L'Art. 55 s'occupe de la réparation causée par un quasi-délit ; il correspond à notre Art. 1382. Mais ses dispositions peuvent s'appliquer en matière d'inexécution des contrats, car il s'agit bien aussi dans ce cas, d'un préjudice causé et d'une réparation à allouer.

cier peut être admis à estimer par serment l'étendue du dommage qu'il a subi (Art. 505 et 506)[1]. Nous avons déjà vu que l'estimation faite par la partie intéressée constituait un véritable moyen de contrainte. Et cela est encore plus vrai en Allemagne qu'à Rome, car le créancier peut faire entrer dans l'évaluation des dommages-intérêts le prix d'affection[2]. A supposer que le juge puisse exercer un certain contrôle sur l'appréciation du créancier, il lui sera très difficile, en fait, de discuter le taux fixé par ce dernier, car la valeur de l'intérêt d'affection est purement subjective, et, seule, la personne dont cet intérêt se trouve lésé peut l'estimer à sa juste mesure[3].

La conclusion que nous tirons de ce rapide examen, c'est que tantôt le législateur admet l'emploi de la contrainte indirecte et l'application d'une peine au cas de résistance du débiteur, tantôt il les repousse. Il ne nous reste plus qu'à choisir entre les deux partis extrêmes ou bien à prendre un parti intermédiaire. Nous avons vu tour à tour, ce qui est, chez nous et à l'étranger ; ce qui peut être, en Droit abstrait : recherchons maintenant ce que nous croyons devoir être.

---

[1] Anthoine de Saint-Joseph, *id.*, t. I, p. 116.

[2] Il en est de même en Autriche. *V.* l'ouvrage ci-dessus, Code autrichien, Art. 1331.

[3] Le Code civil allemand vient d'être voté (Juillet 1896), mais il ne sera applicable qu'à une date postérieure. A l'heure actuelle, les dispositions du Droit commun allemand dont nous parlons sont donc encore en vigueur.

184

CHAPITRE III

EXAMEN D'UNE RÉFORME QUE SEMBLE APPELER LE SYSTÈME DES ASTREINTES

SOMMAIRE : D'après Ihering, on doit laisser au juge une liberté absolue pour fixer le taux de la réparation aussi bien que celui de la peine pécuniaire, au cas d'inexécution.—Critique : Système arbitraire.

M. Massin : Institution d'une peine civile, — peine pécuniaire au profit de la victime pour réparer le tort moral, — taxation légale pour éviter l'arbitraire. — Critique : Réparation du préjudice moral au moyen d'une somme d'argent, — difficulté d'évaluation.

Conclusion : Admission d'une peine, — publique, — et ayant une application restreinte. — Deux motifs généraux de restriction : les peines tendent à disparaître, — difficulté d'évaluation.— Application en principe aux seules obligations légales, — plus importantes, — dont l'inexécution ne peut être réparée pécuniairement, — et ne comportant pas l'adjonction d'une clause pénale. — En fait, non application de la peine au cas de refus de cohabiter, — restreinte à la seule obligation de restituer les enfants. — Peine sous forme d'une condamnation à l'amende,—fixation d'un maximum et d'un minimum.

Le système des astreintes répond évidemment à un besoin : son ancienneté, sa vogue actuelle en font foi ; d'un autre côté, la contrainte indirecte est admissible en Droit pur. Ne pourrait-on pas remplacer le procédé utile mais illégal de la jurisprudence par un autre conçu dans le même sens et conforme à la loi ? En d'autres termes, n'est-il pas désirable de voir figurer dans nos Codes la condamnation pécuniaire jouant le rôle de moyen de contrainte et de peine en cas d'inexécution ? Et si la réponse à cette question est

affirmative, comment fonctionnera ce système de
contrainte, quelles en seront les grandes lignes ?

Ihering[1] propose de laisser au juge la liberté la plus
absolue pour la détermination du *quantum*. La condamnation à une somme d'argent sera d'abord pour
lui un moyen d'intimidation; il s'en servira pour
menacer avant de frapper. Il ne craindra pas d'en
exagérer le taux, afin qu'elle exerce sur le débiteur une
influence effective en vue de l'exécution. L'auteur
allemand recommande l' « emploi de la menace d'une
peine pécuniaire comme moyen de pression pour le
cas d'inexécution de l'ordre du juge. » Avec une arme
pareille, le juge doit toujours triompher des velléités
de résistance que pourrait manifester le débiteur.
« Le juge qui, par l'emploi de cette menace, n'atteint
pas le résultat désiré, doit se reprocher à lui-même de
n'avoir pas employé avec assez d'énergie le moyen
mis à sa disposition.» En second lieu, si l'inexécution
est déjà un fait accompli et sur lequel il n'y a plus à
revenir, toute menace serait désormais inutile. Le juge
n'a plus qu'à condamner le débiteur à la réparation
complète du préjudice causé et à la peine pécuniaire
dont on l'avait menacé. Pour la réparation comme
pour la peine, le juge n'a pas de mesure à observer ;
d'un côté, il a plein pouvoir pour évaluer à son gré
« la lésion juridique qui a pour objet non la chose,
mais la personne » (intérêt personnel pris en considération comme l'intérêt pécuniaire) ; et, d'un autre

---

[1] *OEuvres choisies*, tome II, p. 155.

côté, l'exagération du taux de la peine servira d'exemple, à l'avenir, non seulement au défendeur, mais encore à tous ceux qui seraient tentés de l'imiter. « Plus le juge est pénétré de son devoir, moins il hésitera à mesurer les peines, pour ces violations frivoles d'obligations assumées, si haut que, non seulement il donne pleine satisfaction au sentiment juridique lésé du demandeur, mais encore que l'exemple donné exerce, même pour d'autres, un salutaire effet d'intimidation. » Et Ihering ajoute que la jurisprudence française accepte et met en pratique cette manière de voir. Toutefois, le système qu'il propose diffère de notre théorie des astreintes à un double point de vue : il n'y est pas question de dommages-intérêts par jour de retard, et, surtout, la peine que recommande l'auteur allemand est une peine publique, une amende au profit de l'État, et non pas une peine privée, une sorte de réparation supplémentaire allouée à la victime de l'inexécution ; à ce titre, le système de Ihering est préférable à celui de notre jurisprudence, parce qu'il est en harmonie avec la conception actuelle de la peine.

On pourrait objecter à Ihering qu'en désirant si ardemment l'institution d'une peine pécuniaire à l'encontre du débiteur insoumis, il ne confirme guère l'opinion qu'il a émise ailleurs : « Dans le domaine du droit, dit-il, à mesure que l'humanité progresse, elle se rend un compte plus exact de la culpabilité et de la responsabilité. Sa susceptibilité s'émousse, *sa soif de peines s'apaise. Les peines déchoient* à mesure que

l'idée du droit va grandissant [1]. » Mais nous ne voulons
pas lui reprocher davantage cette contradiction qui
peut en somme n'être qu'apparente, toute règle, celle
de la déchéance des peines comme les autres, comportant des exceptions. Il nous sera toutefois permis
d'adresser à la théorie du romaniste allemand le même
reproche que nous avons adressé à la jurisprudence
française : c'est qu'elle ouvre la porte à l'arbitraire le
plus absolu. Où s'arrêtera le juge dans cette voie de la
contrainte et de la répression, si on ne met pas une
limite à son pouvoir, un frein à son désir de faire
exécuter ses ordres à tout prix et quand même ? Nous
avons déjà vu qu'une peine ainsi comprise est une
mauvaise peine, parce qu'elle n'est ni certaine ni égale.

Du reste, il semble qu'aujourd'hui se laisse deviner
une tendance à la fixation limitative et purement objective de la réparation due pour tout dommage éprouvé,
tendance contraire aux idées de Ihering qui donne
plein pouvoir au juge pour allouer au demandeur une
indemnité « du chef de la lésion définitive de son droit »,
et il faut entendre, par ces derniers mots, à la fois la
lésion matérielle et la lésion « qui a pour objet la personne. » Ainsi, le deuxième projet de Code civil allemand [2] déclare qu'il n'y a pas lieu de tenir compte du
tort moral, sauf les cas spécifiés dans la loi et notamment quand les parties ont stipulé une clause pénale
formelle. De même, notre projet de loi sur les accidents

---

[1] Ihering. *De la Faute*, p. 75.
[2] Aujourd'hui voté.

du travail [1] met en principe les risques à la charge du
patron et établit une sorte de tarif pour chaque genre
d'accident. Le taux des dommages-intérêts variera suivant qu'il en sera résulté pour l'ouvrier une incapacité
de travail plus ou moins longue, la perte de tel ou tel
membre, une infirmité temporaire ou inguérissable,
ou même la mort. Le juge n'aura qu'à constater dans
quelle catégorie d'accidents prévue par la loi entre
l'espèce qui lui est soumise et, après cela, il ne pourra
qu'appliquer le tarif correspondant. Ici, se manifeste
donc bien clairement l'intention d'échapper à l'appréciation du juge et de mettre de côté toutes considérations personnelles en général et l'intérêt d'affection en
particulier.

Nous pensons que cette délimitation des pouvoirs
du juge est une œuvre de bonne législation qu'il faudrait
imiter si l'on admettait l'institution d'une peine pour
inexécution des obligations. C'est aussi l'opinion de
M. Massin [2] qui propose l'établissement d'une peine
civile. Le Code, d'après cet auteur, ne destine les

---

[1] Ce projet de loi, accepté par la Chambre des Députés, est
discuté actuellement au Sénat. Les deux Chambres sont d'accord sur le principe de la responsabilité présumée des patrons
et sur celui de la tarification suivant le genre d'accident. Le
désaccord a lieu sur le point de savoir si les patrons, pour se
prémunir contre toute responsabilité, sont obligés de passer
un contrat avec une Compagnie d'assurances, ou bien s'ils
ont le choix entre les divers moyens qui s'offrent à eux de
fournir une garantie préalable

[2] Massin, Oe. Co, p. 438 et ss.

dommages-intérêts qu'à la réparation du préjudice pécuniaire ; d'un autre côté, l'exécution forcée n'est pas toujours possible. L'admission de ces deux principes qui, pris séparément, ne peuvent être discutés, entraîne parfois pour la victime de l'inexécution des conséquences fâcheuses et nullement conformes aux lois de l'équité. L'impossibilité de réparer le tort moral, l'atteinte à l'honneur et à l'affection est une lacune dans la théorie du Code civil sur la réparation et les dommages-intérêts. La jurisprudence a voulu la combler au moyen du système des astreintes : elle est sortie de son rôle.

La peine civile proposée par M. Massin ne serait pas autre chose que le procédé des astreintes rendu légal, simplifié et ne présentant plus ce caractère arbitraire qui eût suffi à lui seul pour le faire rejeter. Le texte de loi édictant la peine, en cas de désobéissance aux ordres de la justice, tiendrait lieu du premier jugement qui contient la menace : la peine serait prononcée à l'avance une fois pour toutes ; et elle ne serait pas plus arbitraire que les autres peines, par suite de l'institution de tarifs comme en matière d'amendes. Le pouvoir du juge serait limité par la fixation d'un maximum et d'un minimum entre lesquels il serait tenu de se mouvoir ; et, suivant encore les conseils que lui donnerait le législateur sur l'importance de telle considération, de tel élément pouvant abaisser ou élever le *quantum,* il prononcerait la peine sans jamais enfreindre la taxation légale.

Ce système de la peine civile ainsi envisagée a le mérite, du moins en théorie, d'échapper à l'arbitraire ;

mais il a le tort, à notre avis, d'instituer une véritable peine privée. Nous avons déjà dit que c'était là un retour en arrière, une résurrection malheureuse des vieux principes romains, depuis longtemps rejetés par notre législation [1]. Et puis, si c'est la victime de l'inexécution qui recueille le bénéfice de la peine pécuniaire, on admet donc que le préjudice moral, en vue duquel on l'a établie, peut être réparé au moyen d'une somme d'argent. M. Massin, après avoir affirmé [2] que l'argent ne peut tenir lieu que d'un préjudice appréciable en argent, d'un préjudice matériel, admet, d'un autre côté, que l'on puisse infliger au débiteur coupable une peine pécuniaire, en faveur de la victime, et « destinée à représenter, autant qu'une somme d'argent peut le faire, un préjudice moral. » Il ne suffit pas, pour justifier ce rôle nouveau de la condamnation pécuniaire que l'on critiquait auparavant, de déclarer que, si le dommage moral est réparé, ce n'est pas par des dommages-intérêts compensatoires, mais par une peine. Toute somme d'argent allouée à la victime de l'inexécution d'un contrat ou d'un délit, présente le caractère d'une réparation : il ne peut être question de peine que si la condamnation profite à l'État. « Ces dettes morales,

---

[1] Dans l'ancien Droit, la peine privée a subsisté pendant la période féodale et a disparu avec la renaissance d'un pouvoir royal prépondérant.

[2] Massin, p. 377. *Id.*, p. 436 : « Le préjudice moral et la valeur d'affection sont des éléments inappréciables qu'on ne saurait rapprocher d'aucun étalon en argent. »

dit M. Massin, ne peuvent être payées que par des peines. » Mais une peine privée est une véritable réparation : c'est absolument comme si on admettait l'exagération des dommages-intérêts dans le but de réparer à la fois le dommage matériel et le tort moral.

Nous pensons qu'en Droit pur comme en Droit positif, l'argent ne peut être l'équivalent d'un préjudice moral. Une réparation pécuniaire serait ou bien injurieuse, si la victime avait assez de fierté pour la refuser en alléguant qu'une somme d'argent ne peut remplacer la réputation ou le bonheur perdus, ou bien immorale si, acceptant sans scrupules le prix de son déshonneur ou de son chagrin, elle se croyait par là même assez payée du mal souffert, ou même quelquefois injuste, si, au cas par exemple de désertion par la femme du domicile conjugal, celui des époux à qui serait due l'indemnité n'était pas le plus estimable des deux [1].

La grande objection que l'on peut nous faire est celle-ci : tout dommage doit être réparé ; le contraire est profondément inique. Sans doute, la réparation pécuniaire ne nous satisfait pas complètement, mais faute de mieux, il faut l'admettre et s'en contenter. — Nous reconnaissons qu'en bonne justice il faut une compensation à tout préjudice causé ; mais est-il nécessaire que la réparation vienne augmenter le patrimoine de la victime ? La jurisprudence elle-même nous donne des exemples de réparations plus équitables et plus efficaces que la condamnation à une

[1] Meynial, p. 467.

somme d'argent. Ainsi, quand il s'agit de la publica-
tion d'un écrit injurieux, le tribunal ordonne la
suppression du passage incriminé dans les éditions
qui seront publiées plus tard, ou la rectification dans
le journal qui a reproduit cet écrit. On pourrait
appliquer ce mode de réparation toutes les fois qu'il
serait possible de le faire ; dans les autres cas, on
devrait infliger à l'auteur du préjudice une véritable
peine, amende ou emprisonnement. Satisfaction serait
ainsi donnée à la victime du dommage moral, quoique
indirectement et sans avantage pécuniaire pour elle.

Nous n'insistons pas plus longuement sur cette question, car elle ne se confond pas avec celle que nous
avons posée au début : Nous nous sommes demandé,
en effet, s'il fallait créer un système de contrainte et
de peines, non pas uniquement pour éviter ou pour
réparer le préjudice moral, mais aussi pour réprimer
l'inexécution injustifiée du débiteur et la désobéissance
aux ordres des tribunaux. Et nous concluons que la
peine privée est incompatible avec la réparation pécuniaire du seul préjudice matériel ; que, par suite,
M. Massin ayant accepté la seconde, n'aurait pas dû
proposer l'institution de la première.

Et puis, des difficultés sérieuses vont s'élever quand
il faudra déterminer le *quantum* de la peine. Pour
éviter l'arbitraire, « les tribunaux seraient toujours
soumis à une taxation légale, grâce aux limites dans
lesquelles ils seraient enfermés, et guidés par la main
dirigeante du législateur, grâce aux principes qu'il
pourrait établir. » On ne nous dit pas suivant quelles

bases serait faite cette taxation, quels sont les principes que le législateur pourrait établir pour guider
le juge. Le taux de la peine devra-t-il varier en raison
de la fortune du débiteur, afin que la perspective d'une
perte pécuniaire ne le laisse pas insensible et lui fasse
préférer l'exécution? Il semble qu'il doive en être ainsi,
si l'on veut prononcer une peine efficace. Mais, en fait,
comment le juge parviendra-t-il à connaître la fortune
du débiteur? Il court le risque de se tromper souvent,
de commettre des erreurs quelquefois considérables
dans l'évaluation toujours difficile, même approxima-
tivement, de la situation pécuniaire des particuliers;
et, par suite, il est à craindre que la répression ne soit
ou trop sévère ou trop douce, suivant que l'estimation
aura été supérieure ou inférieure à la réalité.

Le taux de la peine devra-t-il aussi être déterminé en tenant compte du préjudice moral que subit
le créancier ? M. Massin l'entend bien ainsi, puisqu'il écrit que la somme d'argent exigée du débiteur
serait destinée à représenter le préjudice moral. Mais
ici les difficultés d'évaluation en pratique sont bien
plus sérieuses. Comment apprécier, en supposant, bien
entendu, qu'il puisse être question d'une appréciation
pécuniaire quelconque, non pas sûrement, mais même
avec quelques chances d'approximation, la valeur
d'une atteinte à l'honneur ou à l'affection ? Le juge
prendra-t-il en considération les marques extérieures
d'indignation ou de chagrin? Ce serait imprudent de
sa part, car les grandes douleurs sont souvent muettes

et l'indignation la plus forte n'est pas toujours celle
qui se manifeste au dehors avec le plus d'éclat. Ou
bien, estimant qu'un esprit cultivé doit être plus sensible qu'un autre aux attaques qui blessent nos
sentiments les plus intimes et les plus nobles, sera-t-il
guidé par le rang que la victime occupe dans la
société? Il ne saurait en être ainsi sans danger d'erreur.
Les sentiments de l'amour et de l'honneur ne sont
point l'apanage des privilégiés de la fortune et du
savoir : ils ont aussi leur place dans le cœur d'un
homme pauvre à la fois d'argent et de science.

M. Massin est obligé de reconnaître [1] que l'impossibilité à peu près certaine d'estimer le préjudice moral
sera peut-être une cause d'arbitraire ; mais il fait
observer qu'après tout, le débiteur n'aura pas à se
plaindre d'une condamnation, même arbitraire, qu'il
accepte sans regret, puisqu'il pouvait s'y soustraire en
offrant d'exécuter l'obligation en nature. Ce que nous
voyons avant tout dans cette remarque, ce n'est pas
une justification, mais une sorte d'aveu d'impuissance :
on reconnaît qu'une mesure est mauvaise [2] et on est
obligé de l'accepter.

Le système de M. Massin a l'avantage d'établir
une taxation légale par la détermination préalable
d'un maximum et d'un minimum. C'est là un procédé

---

[1] Massin, p. 399.

[2] Massin, p. 437 « Être taxé d'arbitraire, c'est encourir le
reproche le plus grave qu'on puisse adresser à une bonne
justice. »

excellent, en ce qu'il restreint le pouvoir du juge,
tout en lui permettant de manifester son indulgence
ou sa sévérité par des peines limitativement inégales.
Mais nous lui reprochons la création d'une peine privée
tendant à la réparation pécuniaire du préjudice moral
en laissant de côté l'intérêt social ; nous lui reprochons
aussi de présenter par là même de grandes difficultés
pour la fixation du taux et d'avoir une portée d'application beaucoup trop générale.

S'il nous était permis de hasarder quelques considérations sur l'établissement d'une peine au cas d'inexécution des ordres de la justice, nous les résumerions
ainsi : il est à souhaiter que le législateur fasse figurer
dans nos Codes une peine pécuniaire sanctionnant le
refus d'obéissance du débiteur, mais à condition que
cette peine soit publique, c'est-à-dire au profit de
l'État, et que l'application en soit restreinte aux hypothèses où elle est à la fois utile et nécessaire. Étant
donné ce point de départ, elle ne trouvera pas sa place
en matière d'obligations conventionnelles ; elle sera,
en principe, réservée aux obligations légales et, en fait,
à la seule obligation de restituer les enfants indûment
retenus, quand il ne sera pas permis de vaincre d'une
autre manière la résistance du débiteur.

Nous donnerons d'abord de cette double restriction
deux raisons d'ordre tout-à-fait général, l'une fondée
sur un principe de Droit abstrait, l'autre tirée de considérations purement pratiques. En premier lieu, les
peines tendent à disparaître avec les progrès de la
civilisation, pour faire place à la réparation exacte du

préjudice : « Plus l'ordre juridique se perfectionne,
plus les peuples approchent de la moralité et moins
le recours à la peine devient nécessaire [1]. » C'est ainsi
que Ihering a pu écrire : l'histoire de la peine est une
abolition constante. Ce n'est pas à dire que les peines
actuelles soient fatalement destinées à disparaître à la
longue, successivement, et qu'il soit interdit au législateur d'en créer de nouvelles, à mesure que se feront
jour des délits nouveaux. Mais lorsqu'un préjudice est
causé à un particulier, le législateur doit se préoccuper
avant tout des moyens de le réparer : il ne punira que
s'il y est réellement forcé : la peine est un *ultimum
remedium.*

En second lieu, il ne suffit pas de déclarer qu'une
peine est admise, encore faut-il en assurer le fonctionnement, en déterminer le *quantum.* Or, quelles
difficultés ne vont-elles pas surgir, quand le législateur,
avec des bases d'appréciation très vagues, telles que la
protection de l'intérêt commun et la répression du
trouble social, devra fixer un minimum et un maximum,
et quand le juge, de son côté, devra choisir entre les
innombrables partis que lui laisse la taxation légale.
Autant vaudrait laisser au juge le pouvoir de statuer
librement suivant les cas, mais alors il serait à craindre
que l'excès de zèle de sa part ne le conduisit à l'arbitraire.
Nous reconnaissons que cette raison d'écarter la peine
n'est pas concluante, mais elle a bien son importance.

---

[1] Ihering. *De la Faute,* p. 75.

Il en est des réformes législatives comme de certaines
réformes financières [1] : elles s'imposent parfois ; on
voit bien, en principe, ce qui devrait être à la place de
ce qui est ; mais, quand le moment est venu de préciser,
de réglementer l'institution nouvelle que l'on désire,
on est obligé de s'avouer impuissant et de l'abandonner:
elle était bonne en théorie, mais on n'a pas pu, en fait, en
régler le fonctionnement d'une manière satisfaisante·

D'autres raisons d'un ordre plus particulier vont
expliquer maintenant pourquoi nous croyons devoir
faire une distinction entre les obligations légales et
les obligations conventionnelles. On pourra discuter
sur la dénomination de « légales » donnée à certaines
obligations découlant de devoirs de famille, on pourra
objecter, pour nier toute différence entre ces obligations
et les obligations conventionnelles au point de vue de
la sanction, qu'elles naissent, comme les autres, d'engagements contractuels ou quasi-contractuels [2] ; il sera
toujours vrai de dire que l'exécution des obligations
légales intéresse tout particulièrement la société [3].
Qu'un peintre refuse de faire le portrait qu'il avait
promis ; qu'un entrepreneur s'obstine à ne pas vouloir
construire la maison qu'il s'était engagé à bâtir, l'ordre

---

[1] Nous faisons allusion à l'impôt sur le revenu qui est, en
théorie, un système d'impôt très équitable, chacun contribuant
selon ses facultés aux dépenses communes, mais on n'a pas
encore résolu le problème du fonctionnement en pratique.

[2] Massin, p. 393 et 404.

[3] Meynial, p. 423.

public ne souffrira pas de ces inexécutions : des intérêts privés seuls sont en jeu. Mais si une femme refuse de réintégrer le domicile conjugal qu'elle a abandonné sans motifs légitimes, si elle détient injustement les enfants communs, l'intérêt social est en cause. La famille étant la base de la société, les devoirs de famille doivent être exactement accomplis. A ce titre déjà les obligations légales se recommandent à l'attention du législateur, et l'institution d'une peine pour les sanctionner n'a rien d'exagéré.

Nous ajouterons que l'inexécution des obligations conventionnelles, en faveur desquelles on ne peut pas invoquer les mêmes motifs, comporte presque toujours une réparation complète par l'attribution d'un équivalent en argent. Le préjudice qui en résulte est, dans la grande majorité des cas, un préjudice matériel qu'une indemnité pécuniaire suffit pour faire oublier. Lorsque, par exception, le refus du débiteur entraînera un préjudice moral, il sera bien rare qu'un dommage matériel n'en soit pas la conséquence et que, de ce chef, on n'accorde pas à la victime un supplément de réparation. Au contraire, l'inexécution des obligations légales n'atteint pas la fortune du créancier, mais son honneur ou ses sentiments d'affection. Une somme d'argent ne compensera jamais le scandale causé par l'abandon d'une femme ou le chagrin que fera naître dans le cœur d'un père l'absence de ses enfants. C'est là une seconde considération qui justifie la préférence donnée aux obligations légales lorsqu'on recherche les cas d'application d'une peine : il est bon que l'on puisse

réprimer, ou même que l'on puisse éviter par la menace d'une peine, des faits préjudiciables que l'on est
incapable, lorsqu'ils sont accomplis, de réparer intégralement.

Enfin, nous ne croyons pas devoir étendre l'application d'une peine à l'inexécution des obligations conventionnelles, parce que le créancier aurait pu l'empêcher,
s'il l'eût bien voulu. Le législateur lui a donné, en
effet, un moyen à peu près sûr d'obtenir l'exécution de
l'engagement contracté par le débiteur : il n'a qu'à
stipuler à l'avance, au cas d'inexécution, des dommages-
intérêts bien supérieurs à la valeur du préjudice qui en
résultera pour lui : il n'a qu'à insérer dans le contrat
une clause pénale. Comme il est libre de fixer à son
gré le taux de la peine que le juge ne peut modifier,
(Art. 1152, Code civil), il a à sa disposition un moyen
de contrainte et de répression qu'il dépendra de lui de
rendre plus ou moins efficace. La faute en est à lui-
même s'il est lésé par l'inexécution, et il serait mal
venu à demander au législateur l'institution d'une peine,
alors qu'il pouvait, de sa propre initiative, en créer
une. Pour les obligations légales, il ne saurait en être
de même. Le mariage est bien un contrat, dans une
certaine mesure, en ce qu'il exige l'échange de deux
volontés, mais c'est un contrat d'un caractère spécial,
dans lequel la confiance et l'affection excluent, ou doivent
exclure, les idées de lucre, d'intérêt pécuniaire qui sont
la raison d'être des conventions en général. Il serait
étrange, pour le moins, qu'un futur mari, avant de
donner son consentement au mariage, imposât à sa

future femme une clause pénale en vertu de laquelle
cette dernière serait obligée de lui payer une somme
d'argent déterminée, si elle abandonnait jamais le domicile conjugal. En matière d'obligations conventionnelles,
au contraire, les parties ont en vue un gain à réaliser ;
les rapports entre elles, quoique dénotant une certaine
confiance réciproque, sont plutôt basés sur l'intérêt
que sur l'affection. Elles n'ont pas, en somme, à observer
les mêmes scrupules que les parties d'un contrat de
pure confiance comme le mariage, et la clause pénale
n'est pas une injure pour le débiteur de l'obligation
qu'elle garantit. Nous reconnaissons que le procédé
peut paraître vexant à certains débiteurs à la fois
honnêtes et susceptibles. Mais si le législateur recom-
mandait comme autrefois [1] l'usage de la clause pénale,
elle deviendrait de style dans les contrats, et les esprits
les plus chatouilleux finiraient par s'en accommoder.
L'emploi de la clause pénale généralisé rendrait inutile
la création d'une peine pour inexécution, la sanction
conventionnelle remplaçant avec avantage la sanction
légale.

En principe donc, nous admettrions l'application de
la peine au cas d'inexécution des obligations légales
seules. Mais, en fait, une deuxième restriction nous
semble s'imposer. Pour qu'une peine, avons-nous dit,
soit admissible, il faut qu'elle soit nécessaire et utile.
Or, une peine qui sanctionnerait l'obligation pour la
femme de cohabiter avec son mari, pourrait bien être

---

[1] Justinien. *Inst.*, l. III, t. XVI, § 7.

nécessaire, attendu que l'inexécution ne peut donner lieu à une réparation pécuniaire et que, d'un autre côté, l'exécution forcée *manu militari* est impossible, si la femme s'enfuit à l'étranger ; mais elle serait le plus souvent inutile, elle n'atteindrait pas le but que se serait proposé le législateur. Obliger la femme à revenir au domicile conjugal, ce n'est pas seulement l'obliger à rentrer dans la demeure du mari, à loger sous le même toit que lui, — sauf à occuper un appartement isolé et à garder vis-à-vis du mari la plus froide réserve.—Une vie commune ainsi comprise serait en réalité une séparation aussi scandaleuse que l'abandon franchement déclaré. Il faut qu'avec le retour de la femme puissent renaître les étroites relations d'autrefois, l'attachement et l'affection qui doivent unir deux époux. On conviendra que l'application d'une peine, comme d'ailleurs tout autre moyen de contrainte, n'est pas pour calmer les ressentiments de la femme, justifiés ou non, pour ramener la paix dans le foyer et faire revivre l'ancienne intimité conjugale.

La loi, devant le refus de la femme, doit-elle donc se déclarer impuissante ? La jurisprudence a recours, pour en triompher, à une série de moyens de contrainte, tels que la saisie des revenus des biens de la femme [1], l'envoi en possession au profit du mari [2] et le séques-

---

[1] Paris, 14 Mars 1834 (D. 34, 2, 143) ; Paris, 17 Janvier 1855 (D. 55, 2, 208). Le Code civil italien l'admet aussi.

[2] Riom, 13 Août 1810 (D. Rép. Mari., 759).

tre [1] ; sans compter l'emploi de la force armée quand il est possible, et la condamnation à des dommages-intérêts par jour de retard. Elle justifie ces pratiques en leur donnant pour fondement juridique une phrase prononcée au Conseil d'État par M. Boulay, lors de la discussion de l'Art. 214 du Code civil : « Toutes ces difficultés (concernant la sanction de l'obligation de la femme), disait l'orateur, devaient être abandonnées aux mœurs ou aux circonstances [2]. » On peut dire de ces procédés ce que nous disions de l'établissement d'une peine : ils ne produiront pas l'effet que l'on attendait d'eux ; ils rendront au contraire un rapprochement plus difficile en excitant à un plus haut point la mauvaise humeur du conjoint débiteur. En tout cas, les quelques mots vagues prononcés au Conseil d'État sont peut-être insuffisants pour les justifier d'une manière satisfaisante.

Il est, croyons-nous, un seul moyen de contrainte indirecte [3] dont la légalité ne puisse pas être contestée : c'est le refus d'aliments [4]. L'Art. 214 du Code civil établit, en effet, à la charge des époux deux obligations qui sont inséparables : la femme doit cohabiter avec

---

[1] Paris, 22 Prairial, an XIII. (Devilleneuve. 2, II, 60) et jugement du Tribunal de la Seine réformé (D. 78, 2, 125).

[2] Fenet, IX. p. 73.

[3] Abstraction faite du régime sous lequel sont mariés les deux époux. V., pour les divers moyens de contrainte légaux qui sont mis à la disposition du mari ou de la femme, suivant le régime nuptial, Massin, id. p. 412 et ss.

[4] Le Premier Consul y fit allusion, lors de la discussion au Conseil d'État. Locré, IV, p. 396.

son mari, le mari doit fournir à la femme tout ce qui
est nécessaire pour les besoins de la vie, selon ses
facultés et son état. Ces deux obligations sont la cause
l'une de l'autre. Si la femme ne fait pas son devoir,
le mari n'est plus tenu de faire le sien. Il doit des
aliments sans doute, mais il les doit à la femme qui
habite le domicile conjugal, et non pas à la femme
qui le déserte. D'ailleurs ce moyen, quoique légal,
n'offre pas plus de chances d'efficacité que les autres :
un rapprochement qui n'a pas d'autre cause que la
crainte de la misère ne peut être ni sincère ni durable.

A notre sens, l'obligation de cohabiter ne comporte pas une sanction qui aurait le caractère soit
d'une contrainte directe, comme le recours à la force
armée, soit d'une contrainte indirecte, comme l'emploi
des divers procédés mentionnés plus haut. Le mari
abandonné n'a qu'un moyen de faire cesser la situation pénible qui lui est faite : demander la séparation
de corps ou le divorce pour injure grave : quand la
séparation de fait est devenue définitive, quand tout
espoir de réconciliation est perdu, un seul parti s'impose : la changer en une séparation légale, plus franche
et plus nette. Si le mari, pour des motifs religieux ou
autres, répugne à se servir de pareils moyens, il n'y
a plus qu'à attendre que la femme veuille bien, d'elle-
même, revenir à de meilleurs sentiments. La réconciliation libre, inspirée par le repentir, est seule
plausible ; en attendant qu'elle se réalise, le mari aura
la satisfaction, toute morale, il faut en convenir, d'avoir
l'opinion publique de son côté, et la femme sera punie

par la réprobation et le mépris des honnêtes gens. Le
problème de la désertion du domicile conjugal comporte trois solutions : ou bien le rapprochement
volontaire, ou bien la rupture définitive et légale, ou
bien une simple sanction d'opinion.

L'application de la peine se trouve ainsi réduite au
seul cas d'inexécution d'une obligation légale : l'obligation pour l'un des époux de restituer les enfants
qu'il détient contrairement à l'ordre de la justice.
Ici la peine a sa raison d'être. A part les motifs qui
nous l'ont fait admettre, en principe, pour toute
obligation légale, d'autres circonstances viennent en
justifier l'emploi. Elle est à la fois utile et nécessaire.
Utile, car l'exécution obtenue à la suite de procédés
qui ont enlevé, dans une certaine mesure, au débiteur
sa liberté d'action produira les mêmes effets qu'une
exécution spontanée et purement volontaire. Il importe
peu au gardien légal des enfants que leur détenteur
les livre de gré ou de force, pourvu qu'il les livre ;
l'intérêt des enfants ne peut pas non plus souffrir
d'une restitution involontaire, en supposant même
qu'ils s'opposent, eux aussi, à cette restitution ; dans
ce cas, ils seraient protégés malgré eux, mais ils n'en
seraient pas moins réellement protégés.

La peine est aussi nécessaire, ou du moins elle peut
l'être dans certaines circonstances déterminées. Lorsque
le détenteur et les enfants n'auront pas quitté le territoire
français, comme, d'un côté, l'exécution forcée est possible, et comme, d'autre part, les agents de l'autorité
chargés de la poursuivre ont pleins pouvoirs dans

toute l'ètendue de ce territoire, le besoin d'une peine
ne se fait pas sentir. Si détenteur et enfants se sont
enfuis à l'ètranger, tout espoir d'exécution forcée n'est
pas encore perdu. On demandera aux tribunaux
ètrangers l'*exequatur* de la décision prise en France,
et, comme il s'agit d'une question de statut personnel
qui ne peut guère intéresser l'ordre public[1], l'*exequatur*
sera le plus souvent accordé. Lorsqu'il sera refusé pour
des motifs spéciaux, comme dans l'Affaire de Beauffremont, alors la peine sera nécessaire et alors seulement
nous en admettrons l'application.

Nous acceptons l'institution d'une peine dans cette
hypothèse spéciale de l'obligation de restituer les
enfants, comme nous acceptons l'emploi de la force
armée, quand il est possible, pour ramener les enfants
au domicile paternel ou maternel ; de même, nous
avons rejeté la peine comme sanction de l'obligation
de cohabiter pour les motifs qui nous avaient fait
repousser l'usage de la *manus militaris*. Le législateur a bien clairement indiqué, dans les Art. 374 et
suivants, qu'il voulait donner aux parents un moyen
énergique de réduire leurs enfants à l'obéissance ; il
a voulu que l'autorité paternelle fût toujours respectée.

---

[1] Il en serait autrement si à la question de statut personnel était jointe une question de statut réel. Les tribunaux
belges refusèrent l'*exequatur* dans l'Affaire de Beauffremont,
parce qu'il s'agissait, non pas de la restitution des enfants,
mais de la saisie des biens immeubles appartenant à la
Princesse : la question du sol belge était en jeu.

De même que le droit de correction s'étend jusqu'à la
possibilité de faire enfermer les enfants dans une
maison de détention, de même le droit de garde doit
être, au besoin, assuré par la force armée ; et cela
indistinctement, soit que les enfants aient abandonné
volontairement le domicile légal, soit qu'ils ne puissent pas le réintégrer par suite de la pression exercée
sur eux par leur gardien illégitime ; dans ce deuxième
cas, l'exécution forcée s'explique, d'ailleurs, tout
naturellement, car il s'agit d'une restitution : elle serait
admise même au cas d'une obligation conventionnelle
de ce genre. Et alors, puisque la loi applique à cette
obligation légale les moyens extrêmes d'exécution,
pourquoi n'édicterait-elle pas une répression sérieuse,
lorsque, malgré toutes les mesures prises, l'exécution
ne serait pas possible ?

Enfin, en réduisant à ce cas particulier l'application
d'une peine, nous nous inspirons directement de la
théorie des astreintes et des intentions que la jurisprudence laisse deviner. En somme, c'est l'Affaire de Beauffremont qui a été le signal des attaques dirigées contre
les pratiques des tribunaux. Autour des Arrêts qui se
rattachaient à cette espèce, on a groupé, dans le but
de former un système d'ensemble, d'autres décisions,
présentant sans doute le même caractère de contrainte
et de peine, mais beaucoup moins frappantes. C'est dans
l'Affaire de Beauffremont que se manifeste le plus nettement, par l'établissement d'une peine non fondée au
point de vue juridique, le désir de voir sanctionner par
une peine légale l'obligation de restituer les enfants qui

est l'origine du procès. Nous croyons répondre aux
vœux implicites des tribunaux en reconnaissant la
nécessité de l'institution d'une peine, mais en la réduisant à la seule hypothèse pour laquelle ces vœux ont
été formulés avec le plus d'énergie et de justice à la fois.

Les cas d'application de la peine étant connus,
demandons-nous quelle en serait la nature et suivant
quelles règles elle pourrait être organisée. Il ne peut
pas être question, nous l'avons vu, d'une peine privée.
Ce sera donc une peine publique qui donnera satisfaction à la fois au créancier lésé et à la société qui souffre
aussi de l'inexécution. Le chagrin du père privé de
ses enfants ne sera-t-il pas atténué par la condamnation
infligée au détenteur illégitime, condamnation qui,
étant encourue pour un véritable délit, aura un caractère
infamant et affectera par là même dans une plus grande
mesure celui qu'elle frappera? Si ce moyen est insuffi-
sant pour faire oublier à la victime de l'inexécution le
préjudice moral qu'elle a subi, il ne faut pas en tirer
argument contre lui au profit de la peine privée, qui ne
serait pas plus efficace, et qui, de plus, aurait le tort de
consacrer la réparation pécuniaire, ou du moins l'essai
de réparation pécuniaire du préjudice moral. Quant à
la société qui, elle aussi, est lésée par la désobéissance
du débiteur, elle ne peut recevoir satisfaction que par
l'application d'une peine publique.

Que sera cette peine publique? Une condamnation
à l'amende ou à l'emprisonnement, ou bien encore les
deux, au choix du juge, suivant les circonstances?
L'amende présente un inconvénient sérieux. Lorsque

c'est en faveur du père que les tribunaux ordonnent la restitution des enfants, c'est le plus souvent la mère qui les détient, et réciproquement [1]. L'amende frappera donc à peu près toujours l'un des parents en faisant sortir de son patrimoine une somme plus ou moins forte ; or, comme ce patrimoine aurait été recueilli plus tard par les enfants, ce sont eux qui, en définitive, souffriront de la condamnation à l'amende, alors cependant que le législateur, en poursuivant l'exécution de l'obligation, avait en vue la sauvegarde de leurs intérêts. L'emprisonnement, au contraire, n'atteint que le débiteur : c'est une peine plus personnelle.

En outre, l'institution d'une peine agit doublement sur l'esprit des particuliers : comme avertissement, tant que l'infraction n'a pas été commise, comme châtiment dans le cas contraire. Elle est, suivant les cas, un moyen préventif ou un moyen de répression. Or, comme mesure préventive, l'emprisonnement, ou plutôt la menace d'emprisonnement, serait parfois plus efficace : un débiteur possédant une fortune considérable serait beaucoup plus sensible à la crainte de perdre la liberté, même pour peu de temps, qu'à la menace d'une perte d'argent, même très grave.

Il ne faut pas exagérer néanmoins les inconvénients que présente l'amende. Elle peut sans doute appauvrir les enfants qu'il s'agit précisément de protéger, mais la perspective d'une condamnation pécuniaire peut

---

[1] Ce pourrait être un étranger à qui aurait été confiée antérieurement la garde en vertu de l'Art. 302 *in fine* du Code civil.

aussi engager le débiteur à se soumettre et leur procurer ainsi un avantage bien supérieur à la perte qu'ils
risquent de faire, au cas où le débiteur préfère encourir
l'amende, plutôt que de se rendre aux injonctions du
tribunal. D'ailleurs, il ne faut pas oublier que la peine
n'est pas destinée à protéger uniquement les intérêts
des particuliers, elle a aussi pour fonction d'éviter
l'inexécution des ordres de la justice et de la réprimer
quand elle est un fait accompli. Elle protège indirectement les intérêts du créancier qui profite de l'exécution et souffre de la résistance du débiteur, mais
elle n'est pas instituée exclusivement dans ce but.
L'intérêt privé doit céder le pas à l'intérêt général;
qu'importe qu'une mesure législative, à condition, bien
entendu, qu'elle ne viole pas brutalement les règles les
plus simples de l'équité, occasionne un préjudice à un
individu, si, en revanche, elle donne satisfaction à la
société tout entière? Toutes les institutions ont leurs
avantages et leurs inconvénients; pour savoir si elles
sont bonnes, il faut rechercher si les premiers l'empor-
tent sur les seconds. De plus, comme moyen préventif,
l'amende sera quelquefois préférable à l'emprisonnement : c'est lorsque le débiteur se trouvera dans une
position de fortune telle que le paiement de l'amende
grèverait trop sensiblement son patrimoine ; il est des
débiteurs qui préfèrent payer de leur personne plutôt
que de leur argent. Et, même quand le débiteur ne
pourra, grâce à une situation privilégiée, être affecté par
la menace d'une condamnation pécuniaire, l'amende ne
sera pas encore dénuée de tout effet : à côté des consé-

quences matérielles, il y a les conséquences morales ;
elle entraîne non seulement une perte d'argent, mais
la perte de la considération publique, et tel débiteur
qui resterait insensible devant la première, se soumettra
par crainte de la seconde.

Du reste, nous n'avons pas le choix entre l'amende
et l'emprisonnement : l'amende s'impose. Étant donné
que nous admettons la peine dans les seules hypothèses
où l'exécution forcée est impossible à cause de la fuite
du débiteur et du refus d'*exequatur*, il faut écarter la
condamnation à l'emprisonnement, qui serait sans effet.
Si les tribunaux étrangers s'y opposent, les agents de
l'autorité français ne pourront pas plus appréhender
au corps le débiteur en vertu d'une condamnation à
l'emprisonnement, qu'ils ne le peuvent en vertu d'une
condamnation à l'exécution. L'emprisonnement serait
donc une peine fictive que le condamné ne subirait
jamais en fait. L'amende, au contraire, offre l'avantage
de pouvoir être recouvrée malgré la fuite du débiteur,
et, à ce titre, elle est une peine réelle. Le débiteur
possédera presque toujours en France des immeubles
qu'il ne pourra emporter avec lui et qui seront le gage
du fisc pour le paiement de la condamnation.

L'amende est donc la seule peine admissible dans
le cas qui nous occupe, et elle produira des résultats
satisfaisants malgré ses inconvénients plus apparents
que réels. Il va sans dire que la condamnation à
l'amende ne libérera pas le débiteur de l'exécution de
l'obligation. Si le détenteur des enfants, après avoir subi
la peine, revient en France, il sera toujours possible

de le forcer à les restituer au gardien légal, *manu militari :* un voleur, par le seul fait qu'il a purgé la condamnation encourue, n'acquiert pas la propriété des choses volées, ne se libère pas de l'obligation de les restituer à leur véritable propriétaire.

Il nous reste à résoudre une dernière question : Comment sera organisée cette peine de l'amende ? Il faut d'abord poser en principe la taxation légale par la détermination d'un maximum et d'un minimum que le juge sera tenu de ne pas dépasser. Une amende unique pour tous les cas d'inexécution risquerait de n'être ni un moyen de contrainte efficace ni un moyen de répression équitable. La gravité plus ou moins grande du délit, les circonstances plus ou moins favorables dans lesquelles il a été commis, la culpabilité variable du délinquant, tout cela est incompatible avec l'institution d'une peine toujours la même, au taux immuable et unique : il faut des degrés dans la répression, parce qu'il y a des degrés dans la faute. Quant à la détermination du maximum et du minimum, c'est au législateur qu'il appartient de la faire comme il l'entendra. Le juge aura la même liberté quand il devra fixer, toujours en se conformant à la taxation légale, le taux définitif de la peine pour chaque hypothèse.

On sera peut-être tenté de nous faire le même reproche que nous avons fait plus haut à M. Massin [1], sous prétexte que nous ne donnons pas plus que lui des indications suffisantes d'après lesquelles le législa-

---

[1] *V.* ci-dessus, p. 193.

teur et le juge pourraient se guider. Mais il ne faut
pas oublier que nous sommes en matière pénale. Quand
M. Massin parle d'une peine privée « destinée à réparer
un préjudice moral » il s'agit en réalité moins d'une
peine que d'une réparation et nous sommes alors en droit
de demander d'abord quel est le dommage que l'on
veut réparer et ensuite comment on pourra l'évaluer.
Le Code civil, qnand il a organisé la réparation du
préjudice matériel, n'a pas manqué d'établir suivant
quelles règles serait faite l'estimation [1], de telle sorte
qu'étant donné un préjudice déterminé deux juges
éclairés doivent tomber d'accord sur le taux des dommages. Il devrait en être ainsi de la réparation du
préjudice moral. En matière pénale, au contraire, on
est obligé de reconnaître au législateur et au juge
une liberté plus grande. Au législateur, car les amendes,
comme les autres peines, étant destinées à réprimer
un trouble social et à l'éviter pour l'avenir, il n'y a
pas de base d'estimation précise pour fixer un *quantum*
exact : — d'ailleurs, on peut faire la même observa-
tion pour toutes les condamnations à une amende que
renferme le Code pénal : on serait souvent embarrassé
pour expliquer la préférence donnée à tel taux plutôt
qu'à tel autre — ; au juge, car la gravité de la peine
dépendra le plus souvent de la culpabilité du délinquant. C'est là un élément subjectif qu'il faut laisser
au juge le soin d'apprécier. Enfin, nous ne nous
sommes jamais dissimulé que la fixation du *quantum*

---

[1] Art. 1149 et 1150.

est la grande difficulté que présente l'établissement d'une peine : c'est même là une des nombreuses raisons qui nous ont fait conclure à l'admission de la peine dans les seuls cas où elle est de toute nécessité.

Ainsi, après avoir accepté, en principe, l'institution d'une peine pour inexécution des ordres de la justice, nous avons été conduit à en réduire l'application à une hypothèse tout-à-fait spéciale. Pour arriver à ce résultat, nous avons peut-être tenu un trop grand compte des considérations de fait, et négligé les principes de Droit et les distinctions théoriques ; mais, somme toute, n'y a-t-il pas au fond de toute réforme législative une question d'utilité pratique ?

Vu : *Le Président de Thèse,*
Ed. MEYNIAL.

Vu : *Le Doyen de la Faculté de Droit,*
VIGIÉ.

Vu et permis d'imprimer :
Montpellier, le 21 Juillet 1896.

Pour le Recteur :

L'Inspecteur d'Académie délégué,
L. YON.

TABLE DES MATIÈRES

INTRODUCTION

PREMIÈRE PARTIE. — Histoire.

TROISIÈME PARTIE. — CRITIQUE DU SYSTÈME.

QUATRIÈME PARTIE

Montpellier. — Imprimerie RICARD Frères.

Directeur-Gérant : Joseph CARBONNEL, Ⓐ.